Gioco Finale 2030!

La Verità su Arma Biologica Covid-19, Agenda21 & Il Grande Reset
- 2022-2050 –
Guerra civile USA - Cina - La Prossima Guerra Mondiale?

La verità trapela libri

Disclaimer

Copyright 2021 di Truth Leaks Books - Tutti i diritti riservati

Questo documento mira a fornire informazioni esatte e affidabili riguardo all'argomento e alla questione trattata. La pubblicazione è venduta con l'idea che l'editore non è tenuto a rendere servizi contabili, ufficialmente autorizzati o altrimenti qualificati. Se è necessaria una consulenza, legale o professionale, si deve ordinare a un individuo esperto nella professione - da una dichiarazione di principi che è stata accettata e approvata in egual misura da un comitato dell'American Bar Association e da un comitato degli editori e delle associazioni.

In nessun modo è legale riprodurre, duplicare o trasmettere qualsiasi parte di questo documento sia in mezzi elettronici che in formato stampato. La registrazione di questa pubblicazione è strettamente proibita e qualsiasi memorizzazione di questo documento non è consentita se non con il permesso scritto dell'editore. Tutti i diritti riservati.

La presentazione delle informazioni è senza contratto o qualsiasi tipo di assicurazione di garanzia. I marchi utilizzati sono senza alcun consenso, e la pubblicazione del marchio è senza permesso o appoggio da parte del proprietario del marchio. Tutti i marchi e le marche all'interno di questo libro sono solo a scopo chiarificatore e sono di proprietà dei proprietari stessi, non affiliati a questo documento. Non incoraggiamo alcun abuso di sostanze e non possiamo essere ritenuti responsabili per l'eventuale partecipazione ad attività illegali.

L'Europa sta cadendo

La versione del 21° secolo di "Arbeit macht Frei", il termine con cui gli Untermenschen emarginati venivano "salutati" circa 80 anni fa.

Lo stato tedesco dell'Assia ha approvato una mozione che "permette" ai supermercati e ad altri negozi di alimentari di negare l'ingresso alle persone non vaccinate. Permesso" tra virgolette, perché il governo tedesco usa esattamente le stesse tattiche subdole del resto: lasciate la cosa ufficiosamente ad aziende, organizzazioni e/o autorità locali, ma nel frattempo mettetele sotto grande pressione dietro le quinte per portare avanti la vostra politica. In breve: la Germania è impegnata a ripetere la storia nazista, perché anche gli ebrei furono esclusi dai negozi negli anni '30. E proprio come allora, non seguirà nessuna protesta internazionale - peggio, altri paesi seguiranno prima o poi l'esempio della Germania.

I supermercati e altri negozi dell'Assia possono ora decidere da soli se applicare la regola 3G o 2G (vaccinati, testati, curati). Il cancelliere dello stato, dove vivono 6 milioni di persone, ha confermato che sarà la regola 2G (vaccinati o curati. Il test PCR è comunque una sciocchezza assoluta, come sapete).

Lo stato tedesco dell'Assia ha approvato una mozione che "permette" ai supermercati e ad altri negozi di alimentari di negare l'ingresso alle persone non vaccinate. Permesso" tra virgolette, perché il governo tedesco usa esattamente le stesse tattiche subdole del resto: lasciate la cosa ufficiosamente ad aziende, organizzazioni e/o autorità locali, ma nel frattempo mettetele sotto grande pressione dietro le quinte per portare avanti la vostra politica. In breve: la Germania è impegnata a ripetere la storia nazista, perché anche gli ebrei furono esclusi dai negozi negli anni '30. E proprio come allora, non seguirà nessuna protesta internazionale - peggio, altri paesi seguiranno prima o poi l'esempio della Germania.

I supermercati e altri negozi dell'Assia possono ora decidere da soli se applicare la regola 3G o 2G (vaccinati, testati, curati). Il cancelliere dello stato, dove vivono 6 milioni di persone, ha confermato che sarà la regola 2G (vaccinati o curati. Il test PCR è comunque una sciocchezza assoluta, come sapete).

"Vogliamo far morire di fame le persone non vaccinate adesso?

Ufficialmente, le eccezioni sono possibili per ragioni mediche, ma rapporti precedenti e documenti governativi hanno mostrato che queste sono solo eccezioni estremamente rare, date solo a persone di cui i medici dicono che sono certe di morire per un'iniezione di Covid. Le malattie croniche, le disabilità, la vecchiaia e la maggior parte delle allergie non sono incluse.

Qual è lo scopo di questa decisione?" scrive Steve Watson (Summit News). 'Per far letteralmente morire di fame le persone che rifiutano i vaccini?

Adesivi e bottoni gialli

Negli ultimi mesi, immagini scioccanti sono venute fuori dalla Francia e dal Cile, con persone comuni, compresi gli anziani, che cercano di entrare in un supermercato o in un centro commerciale, ma a volte vengono fermati in modi molto aggressivi. In Gran Bretagna, il personale di un negozio ha minacciato di chiamare la polizia dopo che un uomo che aveva un'esenzione ufficiale per una maschera per la bocca si è rifiutato di indossare un adesivo giallo. Forse questo vi ricorda qualcosa?

L'anno scorso, un medico televisivo americano ha sostenuto l'obbligo per i bambini non vaccinati di indossare un bottone giallo. All'inizio di quest'anno, la CNN ha apertamente propagandato che le persone non vaccinate dovrebbero davvero morire di fame.

I paragoni con la Germania nazista e/o l'Olocausto non sono ammessi dai politici o dai media, presumibilmente perché i parallelismi sono così spaventosi.

Ist das Gespenst wieder da?

Se il popolo tedesco non si solleva in massa contro queste gravissime violazioni dei diritti umani e i crimini di guerra dell'"Impfen macht Frei", dimostrerà di essere caduto nella stessa trappola di circa 85-90 anni fa. Lo stesso spirito oscuro che si è impossessato di quasi tutte le persone allora e che alla fine ha reso possibile la Seconda Guerra Mondiale e l'Olocausto, è tornato di nuovo, 'con una vendetta', per ottenere la vittoria finale questa volta - sebbene con altri mezzi che non siano carri armati, bombe e soldati.

E temo che questa volta non si fermerà a 'solo' 70-85 milioni di morti in tutto il mondo. Quel numero potrebbe impallidire completamente in confronto al numero mostruoso di vittime che la setta globalista del 'Grande Reset' - Agenda 2030 clima-vaccinazione che ha preso il controllo di quasi tutto l'Occidente interno minaccia di fare nei prossimi anni.

L'ironia è che proprio il gruppo religioso il cui libro sacro predice letteralmente tutto ciò che sta accadendo ora davanti ai loro occhi e dovrebbe quindi gridarlo dai tetti, con poche eccezioni, non vuole sentirne parlare, e spesso collabora persino con l'istituzione del sistema della "Bestia" per convinzione.

Tabella dei contenuti

Non vaccinati = disoccupati?

Compagnie aeree parzialmente piatte a causa di massicce carenze di personale - Chicago perde metà della forza di polizia

Informazioni oggettive sui vaccini? L'amministratore delegato dell'agenzia di stampa Reuters è membro del consiglio di amministrazione di Pfizer - L'economista Armstrong: *"La gente può far crollare l'intero sistema se semplicemente si rifiuta di collaborare*

Negli Stati Uniti i concetti di libertà e autodeterminazione sembrano essere molto più radicati nei geni rispetto, per esempio, all'Europa, che ancora una volta si distingue in una docilità compiacente e ingenua (con poche eccezioni). Nonostante un'economia in rapido miglioramento, non meno di 4,3 milioni di americani si sono dimessi in agosto, il numero più alto dal 2000. I settori dell'ospitalità e della vendita al dettaglio (meno 721.000 persone) si stanno svuotando, le compagnie aeree sono costrette a cancellare numerosi voli a causa della mancanza di personale, e Chicago sta perdendo circa metà della sua forza di polizia a partire da questo fine settimana. Il motivo? La gente si sta pertinentemente rifiutando di rischiare la propria salute e la propria vita facendosi iniettare le controverse iniezioni sperimentali di terapia genica Covid-19.

L'industria americana dell'ospitalità sta vivendo un vero esodo, sia di dipendenti che di clienti. L'economista americano Martin Armstrong fa l'esempio della figlia di un amico, che aveva due lavori. Di giorno lavorava in un negozio di "cibi salutari", di notte come barista/cameriera. Al negozio ha dato le dimissioni quando è stata richiesta una vaccinazione. Ora che il proprietario del bar la richiede anche ai suoi dipendenti, più del 50% dei suoi dipendenti minacciano di andarsene.

Quanto hanno pagato Pfizer e Moderna i politici e i media?

'Molti giornalisti sono troppo occupati a vendere la propaganda dei vaccini Bidens', ha sogghignato Armstrong contro i media tradizionali. 'La FDA riconosce i rischi, ma in tutta la sua saggezza ha annunciato che "crede" che i benefici superino i danni, senza spiegare o dare un solo avvertimento su questo, mentre per altri vaccini lo fanno. Quindi, con la stampa e il governo che ignorano i fatti e le tendenze, la domanda sorge spontanea: quanto vi hanno pagato Pfizer e Moderna?

Beh, se si considera che James C. Smith è l'amministratore delegato dell'agenzia di stampa internazionale Reuters che è incaricata di 'informare' la gente sui vaccini Covid, è un membro del consiglio di amministrazione della Pfizer, allora si ha un'idea di quanto sia enorme il potere di Big Pharma sui media.

Qualsiasi informazione obiettiva, per non dire critica, sui loro prodotti non è quindi da aspettarsi.

Perché, per esempio, il fact checker di Facebook è finanziato dal produttore di vaccini Johnson&Johnson.

La metà dei poliziotti di Chicago rifiuta l'iniezione

Che la resistenza non sia inutile è dimostrato anche da John Catanzara, capo del sindacato di polizia di Chicago. Questa settimana ha invitato tutti gli agenti a non rispettare l'obbligo di registrare online il loro stato di vaccinazione. Circa la metà di tutti i poliziotti si rifiuta di farsi iniettare, lasciando la Chicago, già piena di crimini, con una forza di polizia dimezzata a partire da questo fine settimana.

Questa non è la Germania nazista!" protestò Catanzara in agosto all'introduzione dell'obbligo di vaccinazione. 'Basta entrare nella doccia, le pillole non ti faranno male? Naturalmente, anche lui è stato costretto a ritrattare il paragone con l'Olocausto.

Anche a livello nazionale, la sicurezza sta andando completamente nella direzione sbagliata. Il numero di omicidi è aumentato di quasi il 30% l'anno scorso (42% dal 2019, dati FBI). Ogni giorno, in media, avvengono quasi 2 sparatorie di massa. La gente si uccide persino per un parcheggio. A New York, interi negozi vengono saccheggiati.

Il personale di sicurezza e di volo resta a casa in massa

Nello stato del Massachusetts, 1500 "correctional officers" (guardie carcerarie), la metà del totale, saranno licenziati domani per non essersi "vaccinati". Lo stato deve ora utilizzare la Guardia Nazionale per mantenere l'ordine nelle prigioni. All'autorità di sicurezza aeroportuale TSA, 4 impiegati su 10 non sono stati vaccinati. Il 22 novembre scade il termine entro il quale tutti i dipendenti del governo americano devono essersi sottoposti al "vaccino" Covid-19.

All'inizio di questa settimana, Southwest Airlines e United Airlines hanno dovuto cancellare numerosi voli perché un gran numero di impiegati non si è presentato a causa delle vaccinazioni obbligatorie. Le compagnie aeree, naturalmente, hanno negato strenuamente che ciò avesse a che fare con la protesta contro l'obbligo di iniezione, ma, per esempio, la foto di un aereo della Southwest da cui i piloti avevano appeso una bandiera della resistenza 'Don' Tread On Me' dimostra che i loro capi stavano mentendo.

Distruggere la vita delle persone da parte di politici e media non resterà impunito

Armstrong crede che sia una conseguenza logica della politica. I politici farebbero meglio a svegliarsi, perché seguendo l'agenda del Grande Reset di Klaus Schwab e distruggendo deliberatamente la vita delle persone per soddisfare la loro folle e prepotente visione del mondo accademica, stanno mettendo a rischio la loro stessa vita. Anche i giornalisti farebbero meglio a svegliarsi e mettersi dalla parte giusta della barricata. State distruggendo completamente la vita delle persone. Quando qualcuno non ha più niente da perdere, diventa la persona più pericolosa intorno a te".

I licenziamenti di massa, tra l'altro, giocano perfettamente nelle mani dei globalisti del Grande Reset/ Agenda-2030 occidentale. Per esempio, il World Economic Forum di Klaus Schwab prevede già una disoccupazione permanente dal 35% al 41% entro pochi anni, se tutti i piani climatici (con chiusure, restrizioni molto severe alla libertà e un livello di prosperità decimato) saranno realizzati. Se settori indesiderabili come l'industria aerea sono ora costretti a ridimensionarsi in modo permanente, la colpa può essere semplicemente attribuita a tutte quelle persone che si rifiutano di essere iniettate. In questo modo, si possono prendere diversi piccioni con una fava.

La resistenza non è inutile

I nostri leader molto rispettati in tutto il mondo, che molto probabilmente prendono soldi dai lobbisti della Pfizer, capiscono che la resistenza non è inutile", continua Armstrong. Puoi rendere obbligatori i vaccini e fingere che siano sicuri al 100%, ma la verità viene sempre fuori. La gente può far crollare l'intero sistema se semplicemente si rifiuta di collaborare".

Grassetto aggiunto, perché questo è esattamente
quello che anche noi stiamo scrivendo dall'anno scorso.
Una rivoluzione non violenta tipo DDR-1989 è possibile
e persino necessaria, e di gran lunga l'opzione migliore
per assicurare la libertà, la prosperità e il futuro nostro
e dei nostri (nipoti) figli. Cercare una soluzione
attraverso e dentro il sistema non è più possibile,
perché è diventato palesemente troppo corrotto e
malato. Il male assoluto non può essere persuaso né si
può negoziare con esso. Tanto vale cercare di
"convertire" il diavolo.

Armstrong: "Pensano che si possa continuare ad
opprimere la gente senza che questa faccia nulla in
cambio. E se dimostrano, li si colpisce ancora più
duramente. È così che si forgiano le rivoluzioni. Anche
l'uomo più onesto ruberà il cibo se non c'è altro. Il
nostro modello avverte che la violenza, già in forte
aumento, aumenterà fino al 2023... I politici hanno fatto
gravi danni al popolo. La violenza e il crimine sono in
aumento, spesso per frustrazione. Quando la gente si
arrabbia perché sta perdendo tutto, è meglio non
intralciarla. La nostra raccomandazione è: state molto
attenti se vivete in una città".

Mezzo milione di morti nell'UE?

Amministratori di funerali: Vittime sempre più giovani" - "Perché improvvisamente dobbiamo essere tutti rintracciabili digitalmente?" - "Il DNA di tutte le persone che hanno fatto il test PCR è ora nel database" - Lo stato di vaccinazione sarà collegato al conto bancario

Recentemente ci siamo immersi a fondo nelle statistiche ufficiali dell'UE (EudraVigilance). Secondo queste cifre, solo il 6% del numero reale di vittime del vax appare in queste statistiche, in parte perché - come abbiamo anche scritto molte volte - la loro segnalazione è stata deliberatamente resa molto difficile e dispendiosa in termini di tempo per i medici (circa 90 minuti per caso). Questo significherebbe che in altri 10 mesi, in realtà, ci sono già stati quasi mezzo milione di morti di Covid vax nell'UE - in breve, un massacro, un vero e proprio vaxicidio.

Le cifre di EudraVigilance "sono state corrette sulla base dell'esame dei sistemi di segnalazione delle reazioni avverse in 12 paesi", spiega Max von Kreyfelt (direttore Café Weltschmerz). In effetti, le cifre del sistema di segnalazione mostrano solo il 6% della realtà". Che questo sia solo il 6% è principalmente 'dovuto a blocchi nel sistema di segnalazione stesso', continua Kreyfelt. 'Ogni paziente o deceduto ha bisogno di circa un'ora e mezza per essere segnalato dai medici, e loro non hanno questo tempo. Quindi ha senso che ci sia una tale sottodenuncia".

Inoltre, in molti ospedali c'è anche una cultura del silenzio, abbiamo dovuto osservare. Quindi si presume che le cifre che citiamo siano davvero al limite del reale. E qual è lo scopo di tutto questo?

AstraZeneca: 93.833 morti

La statistica EudraVigilance di AstraZeneca mostra che più di un milione di eventi avversi gravi sono stati registrati in più di 390.000 persone. Solo la settimana scorsa sono state aggiunte 8755 persone. Numero di decessi del sistema di segnalazione: 5630, un aumento di 77 in una settimana. L'1,4% di tutte le persone con reazioni avverse muore, secondo questa tabella.

Ma poiché possiamo assumere con certezza che c'è un tasso di sottostima del 94%, allora si arriva a un numero effettivo di 93.833 morti e 6,5 milioni di casi individuali. Quindi la settimana scorsa sono morte 1283 persone a causa del vaccino AZ".

Pfizer: quasi 214.000 morti

Con il 'vaccino' più usato della Pfizer, sono stati rilevati 1.124.072 eventi avversi in oltre 485.000 individui, di cui 12.835 sono morti (2,6%). In realtà, stiamo parlando di 8,1 milioni di casi individuali e quasi 214.000 morti. (Questo è coerente con i risultati di un esperto statistico statunitense che ha analizzato le cifre della FDA/CDC, ed è arrivato a un numero di 150.000 morti di Pfizer negli Stati Uniti).

Nel 2009, abbiamo avuto la stessa storia con l'influenza suina e tutti i "vaccini" per essa", "La FDA statunitense ha poi fermato l'intero programma di vaccinazione dopo 25 morti. Se poi si guarda a come stanno andando le cose ora nell'UE... È semplicemente terribile".

Moderna: 122.000 morti

Per Moderna, ci sono 132.122 casi individuali con una media di 2,5 effetti collaterali, e 7320 decessi registrati. 'Convertito, stiamo parlando di 122.000 persone che sono morte per la puntura di Moderna. Qui stiamo parlando solo di 8,5 / 9 mesi di tempo'. Il 5,5% delle persone registrate nel sistema ufficiale con reazioni avverse muore (una probabilità di 1 su 18).

'Janssen (J&J): 24.283 morti'

Il "vaccino" Janssen/J&J causa ufficialmente 2,7 reazioni avverse per individuo, e il 4,7% muore. (In realtà convertito 24.283 morti).

Totale (in 27 paesi dell'UE): quasi 43 milioni di reazioni avverse in oltre 17 milioni di casi individuali, di cui quasi 895.000 nell'ultima settimana. (Sommando oltre 454 mila, quindi quasi mezzo milione di morti per vax in

Europa a causa delle iniezioni di Pfizer, Moderna, AstraZeneca e J&J)

Certo, ci sono: questo è già uno dei peggiori crimini contro l'umanità di tutta la storia. Un genocidio di vaccini, un vaxicidio, che, se non fermato immediatamente, minaccia di trasformarsi rapidamente in un Olocausto 2.0.

I grandi paesi come la Francia, l'Italia e la Germania hanno ciascuno fino a circa quattro volte la popolazione, ma meno della metà del numero di rapporti. Questo è strano, naturalmente, perché dovrebbe essere circa lo stesso per paese. Allo stesso tempo, questo conferma che c'è una così grande sottodichiarazione media, come è anche mostrato nel rapporto di cui mi occuperò tra un momento".

Il 63,1% della popolazione dell'UE è ora 'completamente vaccinata'. 'Se si guarda al numero reale corretto di morti per vax di oltre 454.000, questo significa che 1 su 625 persone che sono vaccinate muore'.

La gente continua a dire che non può mai venire dai vaccini".

Ha a che fare con la collaborazione dei medici e del personale infermieristico in tutta questa vicenda del Covid/vaccinazione? Questi numeri hanno a che fare con l'impegno del personale, che fa o non fa rapporto?

Abbiamo avuto conversazioni personali con persone in cui è stato detto che se si suggerisce che una morte o un sintomo di malattia è il risultato di questo, è molto rapidamente detto che questo 'non può mai venire dai vaccini'.

Il metastudio dimostra una sottovalutazione del 94%.

Il Lareb/EudraVigilance negli Stati Uniti si chiama sistema VAERS, come i nostri lettori sapranno. Questo è stato studiato qualche tempo fa dall'Università di Harvard. Il loro rapporto diceva che meno dell'1% dei decessi da vaccino (reazioni avverse, malati, disabili e morti) sono segnalati. Recentemente, 37 studi sui sistemi di segnalazione in 12 paesi sono stati rivisti da due scienziati. 'Questi mostrano un tasso medio di sottosegnalazione del 94%. Dato quello che abbiamo appena esaminato, è estremamente plausibile che questo sia vero in tutta l'UE".

Perché all'improvviso abbiamo tutti bisogno di essere rintracciabili digitalmente?

'Così facendo, quando si guardano tutte queste cose incomprensibili come un passaporto di vaccinazione con codice QR, dove intere sezioni della popolazione sono escluse dal normale rapporto sociale, in realtà mi chiedo cosa c'è dietro questo. E perché tutti coloro che hanno un tale codice QR devono improvvisamente essere rintracciabili digitalmente?

Ma se guardate il quadro generale, vedete tutti i tipi di cose che stanno accadendo nel mondo e che stanno lavorando per renderci improvvisamente tracciabili digitalmente. Il codice QR che deve essere messo su un'applicazione nel nostro telefono, con tutti i nostri dati privati. Questo ci rende anche rintracciabili, come se io fossi in contatto con te in questo momento. Qualcuno può vederlo a distanza perché entrambi abbiamo i telefoni".

Ci sono altre piste. L'OMS, di cui sappiamo che Bill Gates è il più grande finanziatore, ha pubblicato un rapporto (di circa 100 pagine) con una foto che mostra vaccini, un segnale WiFi, un (micro)chip, un computer portatile, un database centrale, una foto di virus e tre aspetti di controllo. Improvvisamente, a quanto pare, abbiamo tutti bisogno di poter essere tracciati e rintracciati".

'Poi vediamo una pubblicità di una delle grandi banche (HSBC) con 'Il tuo DNA sarà i tuoi dati'. Il DNA di tutte le persone a cui è stato dato un tale test PCR stick nel naso è ora in un database.

Identità digitale e brevetto Microsoft: Stato di vaccinazione collegato al conto bancario

La Commissione europea sta ora anche progettando un'identità digitale / portafoglio digitale per ogni cittadino. Questa identità sarà collegata a documenti come il passaporto, la patente di guida, i diplomi, il certificato di matrimonio, i conti bancari, ecc. E tutto è finanziato con i soldi delle nostre tasse (che vanno anche all'OMS e quindi a Bill Gates), come se noi lo volessimo. Lo vogliamo? Io non voglio essere rintracciabile digitalmente ovunque".

Poi c'è il brevetto Microsoft di cui abbiamo discusso qui nei primi anni 2020, in cui il corpo umano è collegato a un sistema di cripto-pagamento digitale onnicomprensivo (5G/6G), e il tuo stesso corpo diventa il tuo portafoglio.

I "vaccini" di oggi contengono nanoparticelle che sicuramente collegheranno i corpi di chi viene iniettato a quel sistema. Come sapete, questo è secondo noi il sistema ormai in costruzione della Bestia che viene già sperimentato in Africa.

In altre parole, alla fine il tuo denaro diventerà una criptovaluta digitale, disponibile per te solo se tu e il tuo corpo soddisfate una serie di condizioni,' E possiamo tutti indovinare queste condizioni: sono le attuali e molte altre a venire, iniezioni di terapia genica confezionate come 'vaccinazioni'. E naturalmente tutti i tipi di altre forme di 'buon comportamento', come non criticare il governo (= sistema di credito sociale).

Nessun "segno"? Nessuna vita

In breve: presto non si potrà più comprare o vendere senza questo "segno" nel proprio corpo, il segnale digitale (nano) controllato a distanza che indica che si sono ricevute le iniezioni, e quindi si ha accesso alla società (e che alla fine diventerà addirittura una condizione per il diritto a rimanere in vita del tutto).

Vittime del vaccino?

'Eutanasia di massa deliberatamente commessa sugli anziani' - **'Il governo ha creato una società nazista'** - *'Si sa che il Delta non è un virus, ma un danno da vaccino'* - **'I non vaccinati saranno incolpati se i bambini inizieranno a morire per queste iniezioni'**

Il famigerato video qui sotto con un'intervista al direttore di un'impresa di pompe funebri britannica sta diventando 'virale'. Il direttore, John O'Looney, se ne esce con alcune rivelazioni scioccanti su come gli ospedali e le case di cura stanno uccidendo i pazienti per conto del governo in nome del 'Covid', e che c'è stato un flusso costante di deceduti, tuttavia non di persone non vaccinate, ma piuttosto vaxxers che sono morti dopo le loro iniezioni. Queste vittime, dice, sono falsamente classificate dal governo e dai media sotto "Delta".

O'Looney ha lavorato nell'industria funeraria per 15 anni, ed è stato il direttore di Family Funeral Services a Milton Keynes per 5 anni. Nel novembre 2019, gli è stata mostrata una speciale camera mortuaria mobile pandemica in un ospedale di Northampton perché 'qualcosa di terribile sta arrivando'. (Quindi questo era 2 mesi dopo l'"Evento 201', dove l'attuale pandemia di corona è stata pianificata alla perfezione, ma prima dello scoppio ufficiale nel gennaio 2020).

'Tutti i deceduti dovevano essere etichettati come Covid, ma non c'era più mortalità'

All'inizio della p(l)andemia, gli fu chiesto dalla BBC locale di fare un servizio sul posto. Si sentiva a disagio per i requisiti insoliti, come indossare una maschera per la bocca. Ho lavorato per il coroner per 7 anni, e l'unica volta che ho indossato una maschera per la bocca era quando il defunto era morto da un po', per bloccare l'aria. Non ti protegge da niente, tanto meno da un virus".

A posteriori, si pente di aver collaborato, poiché l'intervista "è stata usata dalla BBC per diffondere l'isteria". Ora posso picchiarmi, perché semplicemente non è vero". Presto gli impresari funebri furono presi dal panico, perché non c'erano morti in arrivo. E le morti che avvenivano venivano deliberatamente etichettate come 'Covid'. Ma non c'era assolutamente nessun aumento della mortalità, in nessuno di noi".

'Migliaia di persone in case di cura eutanasia'

Solo nel marzo/aprile 2020 ci fu un breve picco. 'Per tre settimane ho ricevuto una chiamata dopo l'altra dalle case di cura. Tutte quelle persone che morivano erano etichettate come Covid... Ho scoperto che esattamente in quel periodo c'è stato un aumento del 1000% nell'uso del midazolam (farmaco ben noto nelle cure palliative). Questo è molto ampiamente e chiaramente documentato".

'Non ho anche visto un solo respiratore. Quindi non c'era bisogno di un sovradosaggio, di una forte sedazione per essere intubati. Quindi sospetto che in queste case di cura migliaia di persone siano state uccise, siano state eutanasizzate con il midazolam... Questo mi ha fatto scattare un campanello d'allarme".

Quello che hanno detto che sarebbe successo è impossibile. I virus non prendono di mira esclusivamente le case di riposo. Però sono piene di persone che non sanno dire 'no'". Ha ricevuto conferma da un operatore sanitario di un altro ospedale che enormi quantità di midalozam erano state usate ovunque.

'Semplicemente non ci sono state morti di Covid'.

Un inviato del governo per la pandemia è poi entrato in scena, assicurando che tutte le morti normali - vecchiaia, cancro, ecc. - finissero nelle statistiche come vittime di 'Covid'. 'Ci è stato detto che. Tutti, anche un uomo che era stato investito, QUALSIASI morte possibile era elencata come una morte da Covid. Ma non lo erano. Ho avuto famiglie arrabbiate che sapevano che il loro caro era morto di cancro terminale, ma doveva essere etichettato come 'Covid'.

'Quel tizio della pandemia mi chiamava ogni settimana per i numeri. Ha ammesso personalmente con me che non sapeva perché stesse facendo quel lavoro, perché 'non ci sono morti di Covid, e tutti lo confermano'. Poco dopo che hanno iniziato a vaccinare, ha smesso di chiamare. Quindi apparentemente non c'è più bisogno di registrare le morti di Covid".

'Quindi, anche se hanno cercato di aumentare i numeri (morti) attraverso le case di cura, il 2020 è stato più tranquillo del 2019 in termini di decessi. Non abbiamo avuto più cremazioni e sepolture del normale. Le statistiche del governo mostrano che non c'è stato un vero aumento".

'Picco di mortalità per cause reali: iniezioni, midalozam e cancro non trattato'

Così, poiché non ci veniva detta la verità, ho iniziato a sospettare qualcosa e ho detto alla gente che se avessero iniziato a vaccinare a gennaio, la mortalità sarebbe aumentata. Tutti hanno riso di me, ma esattamente dopo che hanno iniziato a vaccinare il 6, il tasso di mortalità è diventato estremo. Non ho mai sperimentato niente di simile nei miei 15 anni, e lo stesso vale per tutti quelli con cui ho parlato. È stato orribile".

Questa volta era un mix di tutte le età, e in tutti i luoghi, non solo nelle case di cura. La maggior parte, tra l'altro, negli ospedali, se devo essere sincero. Quelli erano numeri da pandemia, ma solo dopo che hanno iniziato le vaccinazioni, e mai prima. Queste persone sono state etichettate come morti di Covid il più possibile. Ho il sospetto che la stragrande maggioranza fossero morti per i vaccini, o forse per overdose di midalozam, o forse per negligenza assistenziale. Molte famiglie mi hanno detto che i loro cari erano morti di cancro perché non era stato permesso loro di essere visitati. Non potevano prendere un appuntamento per le ecografie, ecc. Non venivano esaminati".

In aprile, l'ondata di morte vax si è fermata improvvisamente, e 'dopo di che abbiamo avuto letteralmente il periodo più tranquillo che abbia mai vissuto. Per la prima volta in 5 anni, abbiamo avuto delle perdite, perché non moriva più nessuno. E non solo a casa mia, ma anche nelle altre pompe funebri".

'Il tasso di mortalità aumenta di nuovo, quasi escludendo i destinatari del vaccino'

'Tre settimane fa, il tasso di mortalità ha iniziato ad aumentare di nuovo. Ora vedo persone di tutte le età, e sono TUTTI quasi esclusivamente destinatari del vaccino. Le cause sono per lo più attacchi di cuore, malattie cardiache improvvise non rilevate, coaguli di sangue, ictus e insufficienza d'organo multipla. L'altro giorno ero dal parrucchiere. Lì erano di cattivo umore perché uno dei barbieri, 23 anni, era morto un'ora dopo la sua seconda iniezione. Attacco di cuore. Conosco un altro il cui padre è rimasto paralizzato quasi subito dopo la vaccinazione. Dopo tre settimane gli hanno fatto comunque la seconda iniezione, e il giorno dopo era

morto. La madre di un altro signore che è venuto da me
è diventata cieca quasi immediatamente".

Da quando ho rivelato questo, nessuno vuole parlare
con me. Il silenzio della BBC è assordante. Forse sto
promuovendo l'isteria, ma ora che sto dando voce alle
mie preoccupazioni e vedendo un modello di morti
direttamente collegate ai vaccini, nessuno vuole
parlarne. E questo nonostante il fatto che una serie di
figure molto eminenti, tra cui migliaia di medici,
professori, virologi, consulenti e infermieri in tutto il
mondo stanno tutti dicendo la stessa cosa".

**'Nel NHS è noto che la variante Delta non è un virus,
ma un danno da vaccino'**

'Il governo sembra spingere tutto questo comunque.
Ricattano, obbligano e costringono la gente a farlo,
creando una società divisa come quella nazista per una
pandemia che non esiste. E la variante Delta? Posso
dirvi che è ampiamente nota al NHS (National Health
Services / British National Institute of Public Health)
come danno da vaccino. Non è un virus, è un danno da
vaccino".

'Come direttore di pompe funebri, posso dirvi che vi è
stata raccontata una bugia molto sofisticata per
convincere tutti che la gente si sta ammalando e c'è un
virus pericoloso, e ci vorrebbe un'iniezione "salvavita".
Ma la vera mortalità nelle case di cura era dovuta al
midalozam, e in più la deliberata ri-etichettatura di ogni

morte normale come morte Covid. Poi abbiamo avuto la mortalità estrema dopo che hanno iniziato a vaccinare. Ed è assolutamente al 100% sicuramente a causa di questo".

Ad ogni famiglia che viene da me ora chiedo se il loro caro è stato iniettato. Si scopre che in tutti loro è successo due volte, ma poi la gente dice che non può essere per quello perché è stato fatto 'già' 8 settimane fa. Loro non vedono la connessione, ma io vedo questa connessione - costantemente".

Presto i bambini si ammaleranno e moriranno a causa di queste iniezioni

Presto accadranno due cose. Stanno già iniettando bambini e inventando nuove 'varianti'. Ogni mese una nuova 'variante'. Non esistono, ma l'idea è che ci si abitui alla loro presenza. Cosa succederà a quei bambini vaccinati? Si ammaleranno, altri bambini moriranno come conseguenza diretta di queste iniezioni. Quelli saranno presto etichettati come una nuova "variante". In TV vedrete una parata di attori in crisi e genitori addolorati che vi esorteranno a fare l'iniezione "per proteggere i bambini". È una certezza che questo accadrà, sicuro al 100%, senza dubbio".

Ma guardatevi intorno, quasi tutte le persone che muoiono intorno a voi ora sono destinatarie del vaccino. Qualsiasi direttore di pompe funebri con un briciolo di integrità e onestà vi dirà questo. Già 45 direttori e impiegati che lavorano nell'industria funeraria mi hanno contattato e sanno bene cosa sta succedendo. Sono tutti terrorizzati. Se loro (il governo) sono disposti ad uccidere le persone in questo modo, sospetto che non esiteranno un secondo a ridurre al silenzio persone come me. I miei giorni sono contati perché oso dire la verità".

Non c'è nessuna pandemia di Covid, questa è un'agenda di spopolamento

La realtà è che non c'è nessuna pandemia di Covid. È tutto studiato per farvi credere e prendere il vaccino. Sapete quanti bambini sono morti qui nel raggio di 50-60 miglia da Covid? Nemmeno uno. Per quanto ne so, nessun bambino è morto per il Covid. E posso saperlo, perché sarebbe (nel mio settore) una grande notizia".

Quindi non c'è alcuna ragione per iniettare questa terapia genica nei bambini. Assolutamente no. È assolutamente indifendibile. Il fatto che stiano facendo pressione sui bambini di 12 anni per dare il loro consenso - quando a quell'età non possono acconsentire al sesso, non possono comprare una birra, non possono sposarsi e non possono votare - riassume abbastanza bene quello che sta succedendo, no? Questa è un'agenda di spopolamento. Stanno attaccando su due fronti: 1) uccidendo le persone, e 2) sterilizzando o handicappando i bambini, per assicurarsi che non abbiano figli propri in seguito".

Se un bambino di 12 anni si fa un'iniezione, quando si manifesterà l'infertilità? Se non muoiono o si ammalano, ci vorranno 10 anni prima che la gente cominci ad accorgersene. Vi dico che sono totalmente convinto che questo viene fatto ora. Parlo anche con un numero sempre crescente di vittime del divenire (dei vaccini), infermieri, medici e direttori di pompe funebri, che si rivolgono a me perché non hanno altro posto dove andare. Nessuno li ascolta. Sono oppressi e ricattati. Sono costretti a mettersi in fila per una puntura letale".

'Specialista del servizio sanitario nazionale: Mai fare un'iniezione così pericolosa'

Una pletora di medici specialisti del NHS mi hanno confermato che le morti non sono dovute alla Delta, ma ai vaccini. Uno di loro mi ha detto: 'Per favore John, non toccare quei (vaccini). Non prenderne mai uno, perché sono estremamente pericolosi". Mi ha detto che durante le fasi di test, avevano bisogno di 200 scimmie rhesus a settimana, perché stavano morendo tutte. Così hanno interrotto i test sugli animali. Ma iniettano questa stessa roba nelle VOSTRE vene nei centri di pungitura. In cambio ti danno un kebab o una corsa gratuita in taxi, o una riduzione della pena in prigione".

La gente ha subito il lavaggio del cervello e il terrore per 18 mesi

Questo non è giusto! Non è normale! Perché la gente non lo vede? Ci sono persone che vanno in giro dappertutto ora che sono così convinte dopo aver subito il lavaggio del cervello per 18 mesi che ci credono e sono terrorizzate, e che i bambini vanno a scuola all'aperto con i tappi sulla bocca, o che le persone li indossano nelle loro auto. Sono tutti terrorizzati. Ma non si dice loro la verità, e la verità è che sono queste iniezioni che fanno danni e uccidono le persone. Come direttore delle pompe funebri, lo vedo in prima persona. Devo dirlo, perché se non metto la testa sopra il parapetto e mi sacrifico, chi lo farà?

'Le persone non vaccinate saranno messe in campi e sgomberate'

Nel frattempo, enormi centri di detenzione sono stati creati in tutto il mondo. Siamo ormai al punto in cui l'economia mondiale è ferma, eppure hanno trovato i soldi per costruire queste super prigioni... A cosa pensate che servano questi campi? Sono per le persone che non vogliono prendere il vaccino. Li mettono in questi campi di quarantena / FEMA, e vi dico che poi sarete rapidamente eliminati e chiamati "morti di Covid".

Come esempio nella sua zona, O'Looney dà l'HMP Wellingborough, che potrebbe contenere 30.000 persone. Si dice che Leicester abbia un'altra enorme struttura nuova, completa di camera mortuaria e forno crematorio. 'A cosa servono tutti questi campi? Diteci.

Perché abbiamo bisogno di queste strutture ed edifici...
Penso che sia per le persone che si rifiutano di accettare
queste iniezioni letali".

'I vaxxers muoiono entro 5 anni, sarete incolpati'

Nei prossimi 5 anni circa vedrete morire quasi tutti
quelli che conoscete e amate che hanno ricevuto il
vaccino. Ho sentito questo da eminenti specialisti molto
più qualificati di me, persone molto rispettate e
universalmente lodate. Come direttore di pompe
funebri, vedo gli inizi di questo adesso, persone che
hanno 40, 50 e anche 30 anni, persone che non
dovrebbero morire. Non dovrebbero avere malattie
cardiache e ictus, ma sta succedendo".

E ora si stanno concentrando sui bambini. Quando la
gente si sveglia? Non appena i bambini muoiono? O
crederanno che sia a causa di una nuova variante?
Perché questo è ciò che diranno. Diranno che 'questa
nuova variante sta colpendo soprattutto i bambini, e
dobbiamo proteggerli'. Allora ci può essere un obbligo
(di vaccino), e inizia la caccia alla gente per riempire
questi enormi centri di quarantena".

'Solo noi possiamo ancora salvarci'

Gli unici che possono ancora salvarci? Noi stessi", dice
O'Clooney. Ma dobbiamo dire NO in massa e sollevarci
pacificamente. Le manifestazioni e gli scioperi in corso
non sono sufficienti. Il potere sta nei numeri.

31

Collettivamente avete il potere. Presto le persone saranno trascinate fuori dalle loro case e portate in quei campi. Quante persone nella vostra strada usciranno per fermare tutto questo? Se non aiutate voi stessi, nessun altro lo farà. Allora sarete riuniti in questi campi, poi ci sarà un 'Covid outbreak', e le persone saranno portate via (morte)".

ORA è il momento di fare qualcosa. Tra 12 mesi, da una cella di prigione, non ha senso guardarsi indietro, e poi desiderare di aver fatto qualcosa, di aver fatto qualcosa per salvare i bambini. Alzati, parla, ovunque tu lavori. Lo devi al tuo prossimo".

E sai che il giuramento di Ippocrate è stato cambiato nel 2001? La frase "Non farò del male" è stata tolta. Questo ora dà loro il permesso di fare del male alle persone. Ho parlato con infermiere a cui è stato detto dai loro superiori di somministrare dosi letali di 60 mg di midazolam a pazienti che non stavano nemmeno morendo, ma che erano stati etichettati 'Covid' in modo completamente errato e non scientifico con un test PCR".

'Anche i tuoi figli ora sono presi di mira - hai intenzione di permetterlo?

Gente, quanto ancora avete bisogno di sentire? Ora stanno prendendo di mira anche i vostri figli. Avete intenzione di permetterlo? Avete intenzione di piegarvi e lasciare che vi portino via in un campo? Solo quando lavorate insieme collettivamente potete fare la differenza... Ricattano, forzano, obbligano, non puoi lavorare, non puoi visitare tua madre, non puoi viaggiare, non puoi uscire, non puoi andare in un parco giochi - questi sono diritti umani fondamentali che hai perso. E questo finisce solo in un modo: che tu venga trascinato fuori da casa tua e messo in un campo di internamento".

Quindi agite. Non sto incoraggiando la commissione di crimini, ma voi (in Australia, da dove viene l'intervistatore) siete vittime di crimini. Cosa dovreste fare? Vi stanno mentendo su Covid... E le vostre famiglie sono importanti quanto le mie. Se questo è il mio regalo al mondo e vengo ripulito, così sia".

Controllo totale?

E la (Bestia) fa che a tutti, piccoli e grandi, ricchi e poveri, liberi e schiavi, sia dato un marchio... e che nessuno possa comprare o vendere se non chi ha il marchio".

La dittatura più dura, più disumana e presto anche più sanguinosa che questo pianeta abbia mai conosciuto, costantemente indicata da me come il "sistema della Bestia" in cui nessuno può "comprare o vendere" senza "il cazzone", viene portata avanti a rotta di collo come previsto per evitare che la parte risvegliata della popolazione si ribelli. A partire dal 15 ottobre, il governo italiano richiede la prova della vaccinazione/test negativo per TUTTI i dipendenti, non solo quelli del governo. Le persone che si rifiutano saranno messe in sospensione senza stipendio. In Slovenia, la gente non può più nemmeno fare il pieno di benzina o andare al supermercato senza un codice QR, una misura che l'UE vorrebbe adottare a breve termine.

Le persone che si presentano al lavoro senza la carta verde sono multate tra i 600 e i 1500 euro. L'Italia è il primo paese a rendere il passaporto vaccinale obbligatorio per tutti i dipendenti. Anche se il pass è valido anche se si può presentare un test negativo o una prova di guarigione dopo il Covid (anticorpi), si può supporre che una volta che il pass sarà ampiamente introdotto, la validità sarà limitata alle sole iniezioni di Covid.

Lo scorso fine settimana ci sono state di nuovo manifestazioni su larga scala in 120 città italiane. Già a marzo, gli operatori sanitari sono stati obbligati ad essere "vaccinati". Finora, 728 medici che hanno rifiutato sono stati mandati a casa. In Francia, circa 3.000 operatori sanitari sono stati sospesi per aver rifiutato le iniezioni di Covid.

Slovenia: pass vax obbligatorio per fare il pieno, "l'Ue vuole adottare la misura

All'inizio di questa settimana, la polizia slovena a Lubiana ha usato gas lacrimogeni e cannoni ad acqua per disperdere una manifestazione di massa contro il certificato di "vaccinazione" obbligatoria. Questo pass vax è richiesto per accedere ai negozi e anche per fare il pieno di benzina.

L'economista americano Martin Armstrong scrive che le sue fonti gli hanno detto che l'UE vuole adottare queste misure, in modo che entro pochi mesi si potrà "comprare o vendere" ovunque in Europa solo con un codice QR / vax pass.

La logica e il buon senso sono scomparsi

Stanno cercando di trasformare completamente l'Europa in un nuovo stato comunista", risponde l'economista americano Martin Armstrong (2). Una gran parte dell'umanità è palesemente incapace di pensare da sola. Dietro le telecamere, i politici ridono di quanto sia facile ingannare queste persone per tutto il tempo. Le contraddizioni non contano mai. La logica non c'è più e il buon senso forse non c'è mai stato. Hanno provato gli esperimenti di (Stanley) Milgram su grande scala".

Lo psicologo di Yale Milgram dimostrò negli anni '60 che la cieca obbedienza del popolo tedesco ai nazisti non era affatto un'eccezione unica, ma che ogni essere umano è incredibilmente veloce e facile a rispondere con la stessa servile obbedienza all'autorità autoritaria, anche se questa autorità richiede che altre persone vengano ferite e danneggiate. L'unica cosa che porta le persone oltre la soglia per partecipare loro stesse alle violazioni dei diritti umani e alla tortura è un ripetuto "lo stiamo facendo (insieme) per una buona causa", "è necessario per la sicurezza / salute pubblica", eccetera.

Beh, basta guardarsi intorno e vedere come lo strato di umanità sembra essere incredibilmente sottile anche nel nostro paese. L'abbiamo scritto già nella primavera del 2020: se questo 'Grande Reset' / Agenda-2030 agenda clima-vaccinazione non viene fermato, se la gente si rifiuta ancora di svegliarsi ora, finirà in una tragedia molto più grande che negli anni '30 e '40.

Pericolo reale

'Scenario migliore (molto conservativo): *Per qualsiasi vaccino dato CINQUE volte più morti tra le persone sopra i 65 anni che dal Covid-19'* - **Fino all'11 settembre, quasi 25.000 morti ufficiali da 'vaccini' Covid in UE - 'CDC riconosce il 94% di diagnosi errate; il** *numero reale di morti da Covid-19 da confrontare con la stagione influenzale (molto) mite'*

Science Direct ha pubblicato un esauriente studio preliminare di un team di scienziati americani, rumeni, italiani, russi e greci, che trova, sulla base di tutti i dati e fatti disponibili finora, che i bambini sono molte volte più a rischio per i "vaccini" Covid-19 che per il (presunto) "nuovo" virus corona.

Gli autori confermano che sono quasi esclusivamente gli anziani con una vasta gamma di condizioni sottostanti a morire di Covid-19, il numero di vittime tra i bambini è "trascurabile", e le conseguenze a lungo termine di queste iniezioni non sono state studiate affatto. Conferma anche che i "vaccini" causano un numero molto elevato di vittime, e prendono anche la vita di un numero "non trascurabile" di bambini. Così, TUTTI sostengono l'arresto immediato di queste iniezioni.

Perché vacciniamo i bambini contro il Covid-19?" è il titolo rivelatore dello studio. La domanda si rivela essere la risposta allo stesso tempo, perché tutti i fatti e i dati dimostrano che iniettare i bambini non solo è

completamente inutile, ma in realtà mette la loro salute
e la loro vita a un rischio molte volte maggiore del
cosiddetto virus corona, che - con rarissime eccezioni - è
in realtà innocuo per loro.

**Per ogni iniezione muoiono almeno CINQUE volte più
anziani che con Covid'.**

L'articolo scientifico ha completamente spazzato via il
modo in cui queste iniezioni erano state fatte e
venivano eseguite. Gli studi clinici per queste
vaccinazioni erano molto brevi (pochi mesi),
utilizzavano campioni che non erano rappresentativi
della popolazione totale, e avevano uno scarso valore
predittivo per gli adolescenti/bambini a causa delle loro
piccole dimensioni. Inoltre, gli studi clinici non hanno
affrontato i cambiamenti nei biomarcatori che
potrebbero essere indicatori di allarme precoce di una
maggiore predisposizione alle malattie gravi".

'Estremamente importante: *gli studi clinici non hanno
esaminato gli effetti a lungo termine che, se gravi,
potrebbero dover essere sopportati dai
bambini/adolescenti per decenni a venire. '*

'Una nuova analisi costi-benefici dello scenario migliore
ha dimostrato che - molto prudentemente - per ogni
vaccinazione ci sono cinque volte più morti tra i più
vulnerabili di 65 anni e più anziani rispetto al Covid-19.
Il rischio di mortalità da Covid-19 diminuisce
drasticamente con il diminuire dell'età. L'impatto a

lungo termine delle vaccinazioni sulle popolazioni più giovani può aumentare sostanzialmente il loro rapporto rischio/beneficio".

'Non un vaccino, ma un 'trattamento' con un alto numero di gravi effetti collaterali

Fino al 2020-2021, era legale che un farmaco potesse essere chiamato "vaccino" solo se aveva dimostrato di proteggere le persone da una o più malattie e infezioni.

Questi requisiti sono stati completamente abbandonati per le iniezioni di Covid. 'Nel resto di questo articolo, usiamo il termine 'vaccinato' piuttosto che 'vaccinato' perché il materiale iniettato nelle attuali iniezioni di Covid-19 non previene né l'infezione virale né la contaminazione', scrivono di conseguenza gli scienziati.

Poiché la sua funzione principale nella pratica sembra essere la soppressione dei sintomi, è operativamente un "trattamento".

Gli studi clinici non hanno previsto la gravità degli effetti collaterali che si sono verificati fino ad oggi (come riportato in VAERS), né la potenziale grandezza del danno presintomatico sottostante che si è verificato e che risulta dalle vaccinazioni.

Riassumiamo qui gli effetti collaterali che si sono già verificati come risultato di queste vaccinazioni di massa, e presentiamo l'evidenza biologica del potenziale verificarsi di molti altri effetti collaterali nel medio e lungo termine. (sottolineatura aggiunta) 'L'appendice A dà un'idea dell'entità della sottodichiarazione VAERS delle reazioni avverse dopo le vaccinazioni, e presenta stime del numero effettivo di morti post-vaccinazione, basate sull'estrapolazione dei risultati VAERS dall'esperienza del mondo reale.'

Il numero reale di morti per il Covid è "paragonabile alla stagione dell'influenza mite".

Gli scienziati sottolineano poi con fatti concreti che il numero di morti per Covid riportato dai media è estremamente esagerato. Il CDC ha recentemente ammesso che il 94% del numero di morti attribuite al Covid-19 potrebbe benissimo essere attribuito a una delle comorbidità. Il numero reale di decessi basati sul Covid negli Stati Uniti sembra quindi essere qualcosa come 35.000 o anche meno, il che è caratteristico di una stagione influenzale mite". (grassetto aggiunto)

E anche quel 35.000 potrebbe essere una stima eccessiva. Questo perché molte persone che sono morte avevano condizioni precliniche (condizioni di base preesistenti). Se queste condizioni precliniche fossero state prese in considerazione e sono anche legate al numero di falsi positivi, allora la stima del CDC del 94% di diagnosi errate sarebbe sostanzialmente più alta.

In altre parole, la già "mite stagione influenzale" sarebbe ancora più mite, e il virus "killer" di stato A presentato dai politici e dai media non sarebbe in realtà più pericoloso di un semplice raffreddore, che - come per quasi tutti i virus respiratori - solo una piccola percentuale di deboli è a rischio.

Imbrogli vistosi con le fasi della sperimentazione clinica

Il team critica anche pesantemente le fasi della sperimentazione clinica. Poiché fin dall'inizio il Covid ha colpito quasi esclusivamente persone anziane con una salute più debole e ha rappresentato un pericolo minimo o nullo per le generazioni più giovani, i test avrebbero dovuto riguardare persone di almeno 45 anni. Pfizer, invece, ha fatto "quasi esattamente il contrario". Circa il 58% del numero di morti attribuite al Covid erano di 75 anni o più, ma nella fase di test solo il 4,4% del numero di soggetti apparteneva a questa fascia d'età.

Così, le età più colpite dai decessi del Covid-19 erano minimamente rappresentate nelle fasi di sperimentazione clinica della Pfizer, mentre le età meno colpite dal Covid-19 erano in realtà massimamente rappresentate. Questo quadro distorto ha importanti implicazioni per la previsione del numero di decessi previsti...

Inoltre, le statistiche della fase di test mostrano che un gran numero di condizioni mediche sono state escluse. La Pfizer ha quindi testato il "vaccino" principalmente su persone giovani e sane, che hanno dimostrato di non avere quasi nessun rischio di ammalarsi a causa del Covid-19.

'Gravi conseguenze della proteina Spike, soprattutto per i bambini, non esaminate'

Pfizer e Moderna sembrano anche aver guardato a malapena le indicazioni sul verificarsi di effetti collaterali a medio e lungo termine dall'iniezione di istruzioni genetiche mRNA che spingono il corpo a produrre la proteina patogena spike del virus SARS-CoV-2. (Il "vaccino" Janssen funziona in modo leggermente diverso, utilizzando un adenovirus per consegnare un gene del coronavirus nelle cellule umane, che poi producono anche la proteina spike).

Se fosse stata applicata una scienza credibile sulla sicurezza, sarebbe stato necessario un approccio molto più ampio" rispetto agli studi molto cursori condotti dai produttori sui possibili effetti dell'induzione delle proteine spike nel corpo umano. Noi consideriamo questo livello come una scienza della sicurezza scadente... Tutto ciò che si poteva stabilire erano gli effetti collaterali a breve termine e la mortalità. Questo focus sui sintomi ha mascherato il vero danno degli interventi di mRNA,' che almeno sembra consistere nella creazione di coaguli di sangue/trombosi nel (prossimo) futuro. (Vedi anche i nostri molti articoli precedenti su questo argomento)

'Questo è particolarmente rilevante per i bambini, che hanno un lungo futuro che può essere seriamente influenzato da una maggiore predisposizione a molteplici malattie gravi a base di coaguli di sangue (e altre) derivanti da queste vaccinazioni.... I bambini sono a rischio trascurabile di gravi sequele di malattie (Covid-19). Poiché i bambini iniettati con il Covid-19 sono stati testati solo per pochi mesi, gli effetti collaterali a medio e lungo termine (delle vaccinazioni) sono sconosciuti. Questi effetti collaterali possono avere un impatto negativo sui bambini per decenni".

L'articolo elenca poi una lunga lista di gravi effetti dimostrati della proteina "tossica" e "patogena" (che causa malattie) spike. Alcuni di questi riassunti:

* danni alle cellule dei vasi sanguigni e alle funzioni mitocondriali;

* aumento del danno polmonare dovuto alla riduzione del recettore ACE2;

* cambiamenti e danni alle cellule del cuore; (miocardite, pericardite)

* producono molecole infiammatorie che possono causare una tempesta di citochine;

43

* prolungare e aumentare i danni subiti dal coronavirus;

* producono fattori responsabili degli attacchi di cuore;

* lo strato di LNP e il PEG in cui è impacchettato l'mRNA sembra essere altamente infiammatorio;

Il PEG nel vaccino Pfizer è la causa dello shock anafilattico (reazioni allergiche pericolose per la vita).
* lo strato LNP sembra indurre la sindrome ASIA (malattia autoimmune e infiammazione causata dagli adiuvanti);

* la proteina spike può diffondersi in qualsiasi parte e organo del corpo;

* la proteina spike penetra la barriera emato-encefalica e causa danni al cervello;

* la proteina spike esacerba le malattie autoimmuni esistenti;

Il virus adeno "scimpanzé" di AstraZeneca invade anche il cervello, fa produrre alle cellule la proteina Covid spike e induce il sistema immunitario ad attaccare le proprie cellule cerebrali; (il termine cinico "vaxzombies" potrebbe quindi diventare abbastanza letterale)

* l'mRNA del vaccino Pfizer penetra (secondo uno studio dello stesso produttore) in tutti gli organi essenziali. 'I danni a questi organi possono essere gravi,

ma l'impatto sulle ovaie può essere potenzialmente catastrofico per le donne (/ ragazze) che possono avere o devono ancora avere figli'.

Il team scientifico conclude: 'Questa combinazione tossica avrà bypassato molte difese protettive (caratteristiche del sistema immunitario naturale) per iniezione diretta. Abbiamo dimostrato che una delle molte ragioni per cui la proteina spike può essere dannosa per i bambini - che non sembrano ammalarsi di SARS-CoV-2 - è che 1) il sistema immunitario naturale è bypassato dalla vaccinazione, e 2) il maggior volume di proteina spike che entra nel flusso sanguigno, e 3) gli ulteriori effetti tossici della busta LNP".

Il dottor Cole, patologo proprietario di un laboratorio: "Le malattie croniche nei vaxxer aumentano del 2000%" - *L'enorme diminuzione delle cellule T "helper" rende i vaxxer più vulnerabili a virus, cancro e altre malattie*

Un laboratorio scientifico nello stato americano dell'Idaho ha trovato un massiccio aumento di malattie croniche (autoimmuni) e cancro nelle persone che sono state vaccinate contro il Covid-19. Dal primo gennaio, ho visto un aumento di 20 volte dei tumori all'utero su base annuale", ha spiegato il dottor Ryan Cole, patologo certificato e proprietario del laboratorio.

Non sto affatto esagerando, perché quando guardo i numeri di anno in anno, non ho mai visto così tanti cancri all'utero".

In un video del progetto 'Capitol Clarity' sponsorizzato dal governo dell'Idaho, Cole ha rivelato che vede un enorme aumento del 2000% di malattie croniche nei vaxxer. Il 18 marzo, ha rivelato che le iniezioni di Covid-19 sembrano innescare una sorta di 'HIV inverso' come risposta autoimmune nei corpi dei vaxxers.

L'enorme diminuzione delle cellule T 'helper' lascia i vaxxer vulnerabili alla malattia

Un sistema immunitario normalmente funzionante
contiene circa due tipi di cellule T, le cellule T 'helper'
(CD4) e le cellule T 'killer' (CD8). Nei vaccinati completi,
il numero di cellule T 'helper' sembra essere
notevolmente ridotto, rendendoli molto più vulnerabili
a numerosi virus, malattie, tumori e altre condizioni.

Le biopsie uterine mostrano un forte aumento di
cancro, melanoma, herpes, herpes zoster e HPV, che
Cole crede sia direttamente attribuibile a questa
riduzione delle cellule T indotta dall'iniezione di Covid-
19. (La Croce Rossa Americana non vuole più donazioni
di sangue dai vaxxers per niente, poiché i loro anticorpi
naturali al Covid sono stati spazzati via dalle iniezioni).

Vedo melanomi metastatici nei pazienti più giovani", ha
continuato Cole. Normalmente li rileviamo presto e
sono melanomi sottili. Ma negli ultimi due mesi o giù di
lì, ho visto un'esplosione nel numero di melanomi
spessi". A marzo, i medici statunitensi hanno avvertito
che un certo numero di donne stanno sviluppando
sintomi di cancro al seno dopo le loro iniezioni di Covid.

Coadiuvanti PEG nocivi e ossido di grafene

Poi c'è un altro ingrediente del "vaccino" che è noto da
tempo per causare danni significativi (permanenti) alla
salute, il polietilenglicole (PEG). Gli adiuvanti PEG
presentano un rischio tossico scientificamente
dimostrato che può rendere gli effetti di queste
iniezioni ancora più gravi.

I PEG, tra l'altro, sono utilizzati anche in altri prodotti dell'industria farmaceutica (come farmaci, detergenti e shampoo).

In Spagna, i ricercatori universitari hanno scoperto che il vaccino della Pfizer contiene una concentrazione molto alta di ossido di grafene.

I risultati di Cole sono coerenti con uno studio pubblicato su The Lancet l'anno scorso. Questo ha trovato che i vaxxers erano a un rischio molto più alto di contrarre un'infezione da HIV. Potrebbe essere che le punture stiano effettivamente introducendo l'HIV nei corpi delle persone, sotto la maschera della 'vaccinazione'?" si chiede ad alta voce l'analista Ethan Huff (Natural News). Si sta mentendo a tutti su ciò che c'è veramente in queste fiale?

Foraggio per le "teorie della cospirazione" secondo cui l'umanità viene sterilizzata

Un recente studio del più grande produttore di "vaccini" Covid-19, Pfizer, ha avvertito che le persone vaccinate possono trasmettere alcuni componenti del "vaccino" ad altri semplicemente avendo un contatto personale con loro. Le donne incinte e il loro bambino non ancora nato o neonato possono essere a rischio come risultato.

La proteina spike creata/introdotta dalle iniezioni di Covid è particolarmente simile alla sincitina-1, una proteina naturale ed essenziale per il successo della gravidanza. Questo significa che gli anticorpi prodotti dal corpo umano contro la proteina spike (dal virus SARS-CoV-2) da un vaccino Covid-19 possono anche attaccare e distruggere queste sincitine. Nelle donne, questo può impedire la formazione di una placenta, rendendole permanentemente sterili.

Gli ultimi risultati di laboratorio del dottor Cole forniranno quindi nuovo foraggio per le "teorie della cospirazione" secondo cui le iniezioni di Covid-19 sono utilizzate segretamente per sterilizzare l'umanità, e in questo modo maligno, per dimagrire significativamente. (Vedi, tra gli altri, il nostro articolo del 21-06: Utopia: Film del 2019 prevede pandemia e vaccini usati per sterilizzare segretamente la popolazione mondiale.

Se dovesse sfuggire a queste drastiche conseguenze, potrebbe trovarsi di fronte alla SLA, al morbo di Creutzfeld-Jakob o al morbo di Alzheimer, secondo l'Istituto di Microbiologia Umana. In precedenza, uno studio peer-reviewed su Nature aveva avvertito che le nanoparticelle nelle iniezioni potrebbero causare danni al cervello. Abbiamo parlato ampiamente del verificarsi di trombosi (secondo studi indipendenti tedeschi e canadesi almeno il 40% - 60% di tutti i vaxxers, secondo alcuni esperti anche tutti) e di ADE molte volte. L'Università di Bristol ha recentemente confermato che i "vaccini" Covid causano anche infarti.

2021 in poche parole

49

Non c'è alcuna possibilità che i media mainstream riferiscano mai su questo in modo obiettivo. Essi sono, come sapete, come quasi tutta la politica, completamente nel sacco della mafia globalista eugenetica UN/WHO/WEF/GAVI/EU 'vaccino'. Di conseguenza, una Newspeech orwelliana è entrata in voga anche in campo medico: la 'malattia' è presentata nei vaxxers come prova di 'salute', e la 'salute' naturale è presentata nei vaxconsci (= non vaccinati) come una sorta di 'malattia' e persino come un 'pericolo' per la nuova 'salute' dei vaxxers.

Naturalmente, siete completamente liberi di farvi iniettare nel corpo questa versione del 21° secolo della 'salute', qualcosa che, tra l'altro, sempre secondo le statistiche ufficiali, è già costata la vita a decine di migliaia di occidentali, e ha reso centinaia di migliaia di persone gravemente malate/inabili. Ma per favore, risparmiatemi da questa 'panacea magica', e lasciatemi rimanere 'malato' ai vostri occhi illuminati.

Bugie palesi

Avere un nuovo farmaco controverso iniettato nel tuo corpo da una società che per anni ha avuto una delle peggiori reputazioni per la sicurezza e l'onestà non è altro che un gioco di roulette russa con la tua salute e la tua vita.

Dopo le richieste di WOB in Australia e Gran Bretagna, sembra che varie agenzie governative mediche abbiano approvato alla cieca il "vaccino" nano mRNA della Pfizer senza aver guardato i dati della fase di test, o addirittura averli avuti a disposizione. Questo vale anche per il RIVM? Inoltre, secondo numerosi scienziati, i risultati della fase di test sembrano essere così improbabili che la Pfizer potrebbe averli usati solo per commettere una frode.

Questo inganno non dovrebbe sorprendere più di tanto, dato che la Pfizer ha dovuto pagare miliardi di danni nel corso degli anni a causa di frodi provate e false affermazioni che i loro prodotti erano "sicuri" ed "efficaci", mentre - proprio come adesso - in realtà era vero il contrario. Ciononostante, i 'nostri' politici continuano a non trovare obiezioni nell'imporre queste controverse iniezioni sperimentali di terapia genica a tutta la popolazione con misure coercitive sempre più dure.

Le iniezioni sperimentali sono state approvate in cieco

Medici per l'Etica COVID ha pubblicato a giugno i dati
ufficiali del TGA (il RIVM australiano), che erano stati
rilasciati dopo una richiesta di WOB. Come si è scoperto,
la TGA aveva approvato l'uso del vaccino Pfizer a tempo
di record, senza nemmeno dare un'occhiata ai "dati a
livello di paziente" (IPD) della Pfizer. In altre parole,
l'Australia era completamente disinteressata
all'efficacia e alla sicurezza di queste iniezioni. Hanno
dato ciecamente un timbro su un farmaco, solo a causa
dell'affermazione della Pfizer, ora completamente
sfatata, che era "efficace al 95%".

Ora sembra che l'MHRA (l'Istituto nazionale britannico
per la salute pubblica e l'ambiente) non abbia mai
guardato i dati della fase di test, né per l'iniezione Pfizer
né per quella di AstraZeneca. Infatti, una richiesta di
WOB del 31 luglio a Public Health England (PHE) ha
rivelato che la MHRA ha mentito direttamente quando
ha affermato di aver guardato i dati dei pazienti.
Secondo la PHE, che sarebbe stata incaricata dalla
MHRA di analizzare questi dati, l'agenzia non ha
nemmeno avuto accesso al set di dati completo di
Pfizer.

**Perché il macellaio ha potuto ispezionare la sua carne
e nessuno ha controllato?**

'La linea di fondo è che questa è la seconda delle
quattro principali agenzie farmaceutiche (MHRA, TGA,
EMA, FDA) che non ha mai indagato e valutato la
validità dei dati 'miracolosi' di Pfizer', conclude

Doctors4CovidEthics. 'Quindi la grande domanda è chi - oltre a Pfizer stessa - ha analizzato i dati dei test di Pfizer. Perché il pubblico dovrebbe fidarsi delle parole della Pfizer sui risultati delle sue stesse ricerche, quando sono in gioco decine di miliardi di dollari di profitto?

Allora perché le grandi autorità mediche hanno approvato questi farmaci? Cosa c'è dietro? E perché è stato detto alla Commissione sui Medicinali Umani che c'era stata una "ricerca indipendente" sui dati della Pfizers, quando ora è stato stabilito che questa era una bugia? Le risposte a queste domande sono di fondamentale importanza per la salute pubblica e la sicurezza dei vaccini Covid-19.

Il dataset di questo "magico farmaco delle meraviglie" è stato fabbricato

Inoltre, in un'analisi completa, diversi professori di immunologia, biochimica, tossicologia e farmacologia hanno trovato che i rapporti della stessa Pfizer sulla fase di sperimentazione clinica contenevano "affermazioni poco plausibili e contraddizioni. Per esempio, Pfizer ha affermato che tutti i vaxxers hanno sviluppato un'immunità uniforme già il 12° giorno dopo l'iniezione, che non è "un risultato biologicamente plausibile". Infatti, questa immunità sarebbe iniziata 9 giorni prima della produzione di anticorpi neutralizzanti.

(Quindi, a ragion veduta, un 'magico farmaco miracoloso': ben prima che inizi a funzionare, ti protegge già! Bisogna solo crederci, proprio come ha fatto il 'nostro' Ministro della Salute quando ha condannato chiunque abbia osato chiedere cosa c'è in queste iniezioni che ha dichiarato sacre).

Inoltre, varie analisi di Pfizer degli stessi dati sembrano dare cifre e risultati diversi. Non è possibile che siano corretti insieme; una (analisi) deve essere falsa. Poiché, come detto sopra, l'improvviso sviluppo dell'immunità che è stato suggerito (dai risultati dei test) non è in alcun modo biologicamente probabile, è più che probabile che questa serie di dati sia fabbricata".

Fidarsi ciecamente di un'azienda che è stata condannata tante volte per frode e inganno

Come si può, come governo, politico, parlamentare e direttore di un'agenzia, fidarsi così ciecamente di un'azienda che ha una lunga storia di frodi e inganni comprovati e di immissione sul mercato di prodotti che si sapeva essere poco sicuri, che innumerevoli persone hanno già pagato con la loro salute o la loro vita? Ci può essere solo una risposta a questo: può essere se, in realtà, non si tratta affatto di salute pubblica, ma di qualcos'altro, qualcosa per cui la salute pubblica è addirittura intenzionalmente e dimostrabilmente messa a grande rischio.

Per quanto ci riguarda, si può ormai parlare di dolo senza dubbio, ora che tutte le persone coscienti dei vaxx vengono punite con la discriminazione e l'esclusione perché si rifiutano di farsi mettere nel corpo queste iniezioni provate non testate, non studiate e per decine di migliaia di occidentali ormai fatali.

Quando apriranno gli occhi i vaxxers, i credenti e i promotori di vax, e si renderanno conto che un'agenda ideologica viene portata avanti alle loro spalle, per la quale vengono abusati come nient'altro che cavie mediche? Con possibili e probabili conseguenze molto drastiche per la loro salute?

Costruire un muro?

La Gran Bretagna sembra fare una notevole inversione a U, eliminando i passaporti vax obbligatori - "I vaxxers che temono i non vaccinati hanno tutta la libertà di chiudersi nelle loro cantine

Sembra che in Europa si stia erigendo un nuovo Muro, un'invisibile "cortina di ferro" che crea una netta divisione tra i paesi in cui si stanno ripristinando la libertà e i diritti civili, e i paesi che stanno gradualmente introducendo una strangolante Apartheid, uno stalinismo vaccinale che legalizza la discriminazione e altre gravi violazioni dei diritti umani e le rende politica ufficiale. Mentre la maggior parte dell'Europa, a partire dal 25 settembre, sta rendendo obbligatorio un passaporto vax per entrare nel settore alberghiero e in altri luoghi con un gran numero di persone, e i tedeschi non vaccinati che sono in quarantena in vari stati federali possono dimenticarsi di pagare lo stipendio, la Danimarca e la Svezia stanno ributtando la società allo scoperto. Inoltre, la Gran Bretagna sembra fare una notevole inversione a U rottamando di nuovo i passaporti vax obbligatori.

Fascismo totalitario: i non vaccinati esclusi dalla società

In Germania, possiamo già vedere cosa comporta la prossima fase di questo nuovo stalinismo: in Renania-Palatinato e Baden-Württemberg, e presumibilmente presto nella maggior parte degli altri stati, le persone non vaccinate possono dimenticarsi di pagare lo stipendio se devono rimanere in quarantena a casa. Il ministro della salute della Baviera, Klaus Holetschek, ritiene che le persone "che si prendono la libertà di non essere vaccinate devono sopportare personalmente tutte le conseguenze".

Non potrebbe essere più totalitario: nel momento in cui si fa uso dei propri diritti umani fondamentali, come quelli stabiliti a Norimberga e a Ginevra, come l'inviolabilità del proprio corpo e il non essere mai costretti o obbligati a partecipare a un trattamento medico, nell'anno 2021 la libertà e persino i mezzi per guadagnarsi da vivere saranno tolti. Il ministro Holetschek, come tutti gli altri politici che adottano questo tipo di misure fasciste di esclusione, si qualificherà così immediatamente per un processo per crimini contro l'umanità da parte di un futuro tribunale per crimini di guerra.

Nel Baden-Württemberg, le regole "2G" più severe fino ad oggi sono state introdotte oggi, escludendo le persone non vaccinate dalla vita pubblica.

I vaxxers che hanno paura dei non vaccinati sono liberi di rinchiudersi

'Chiunque si senta minacciato da persone non vaccinate (da altre persone vaccinate) come una persona completamente vaccinata dovrebbe sentirsi libero di chiudersi in cantina. Proprio come nessuno con la paura di volare è costretto a salire su un aereo, o qualcuno con l'agorafobia è costretto a lasciare la casa. Tutto ciò che un governo impone d'ora in poi, o (aziende, ecc.) incita alla discriminazione 'privata'*, non è altro che osceno, e non ha nulla a che vedere con la libertà, i valori umani e lo stato di diritto", conclude l'analista Daniel Matissek.

I parlamentari britannici si oppongono con successo ai passaporti vax

A differenza della Germania, i parlamentari britannici sembrano avere ancora qualcosa della loro coscienza e il senso che sono lì per il popolo, e non il contrario. Il ministro della salute britannico, Sajid Javid, ha dichiarato ieri che i passaporti vax per le discoteche e gli eventi pubblici non saranno introdotti dopo tutto.

La distruzione al rallentatore dei paesi centrali più forti d'Europa è una necessità "logica" se il "Grande Reset" del WEF e l'"Agenda-2030" dell'ONU possono essere attuati. Abbattendo le robuste economie e società di Germania e Francia in particolare, e facendole sprofondare nel caos finanziario e sociale altrettanto insolubile che nell'Europa meridionale, si crea un pretesto per la resa totale del potere al Superstato europeo tecnocratico-comunista, che è stato in preparazione per tanto tempo e che è governato da Bruxelles.

L'Australia apre una caccia a livello nazionale al 'terrorista del Covid' e al 'nemico pubblico numero 1': *un uomo non vaccinato che è entrato in un ascensore e ora è accusato di nuove 'infezioni'* - Lo **zar australiano della corona: Covid e sempre nuovi richiami non vanno mai via** - I **francesi mostrano come si fa:** *L'industria dell'ospitalità e le piccole imprese si rifiutano di controllare i passaporti vax*

In Australia il temuto scenario si sta rapidamente svolgendo come abbiamo già descritto in diversi articoli nel 2009. Le "vaccinazioni" vengono rese obbligatorie, e coloro che si rifiutano sono totalmente esclusi dalla società. Dan Andrews, il premier dittatore dello stato di Victoria, ha annunciato che le persone che non vogliono essere iniettate stanno "facendo la scelta sbagliata", e quindi dovranno rimanere permanentemente a casa in isolamento. Sarà anche negato loro l'accesso all'assistenza sanitaria, qualcosa che è stato suggerito anche in Germania alla fine dell'anno scorso. Il prossimo passo è che lo stato di 'vaccinazione' di tutti sarà collegato alla carta d'identità e al conto bancario. Niente iniezioni di Covid significa quindi niente lavoro e niente accesso al proprio denaro, e quindi non essere più in grado di 'comprare o vendere'.

Per proteggere il sistema sanitario stiamo andando in una situazione in cui escluderemo le persone che non sono vaccinate ma potrebbero esserlo", ha detto

Andrews. Non è sicuro che le persone che non sono vaccinate possano andare in giro e diffondere il virus. Perché lo saranno, ecco cosa faranno".

I funzionari di Sydney hanno recentemente ammesso, tuttavia, che le rigide chiusure non hanno funzionato affatto, e sono state imposte solo a causa della pressione dei media mainstream. Le misure sembrano non aver avuto alcun effetto sul numero di nuovi "casi" di Covid. Tutto ciò che si è ottenuto è un'economia parzialmente devastata e una popolazione terrorizzata.

Immunità robusta, ma SENZA iniezioni

Con le scoperte scientifiche confermate in tutto il mondo in Israele che le persone non vaccinate (consapevoli dei vax) con immunità naturale sono da 13 a 27 volte più protette dei vaxxer, la politica migliore e anche normale sarebbe stata quella di trattare questo presunto virus proprio come un'influenza stagionale. Lasciare che facesse il suo corso e permettere così lo sviluppo dell'immunità di gruppo. Le cifre confermate dall'OMS (99,95% di sopravvivenza fino a 70 anni, e 99,85% compresi gli anziani) dimostrano che questo coronavirus non è più pericoloso dell'influenza e di altri coronavirus.

Purtroppo, una robusta immunità naturale non è più possibile per molti, perché ora si sono fatti iniettare le controverse iniezioni sperimentali di terapia genica, che secondo numerosi scienziati indipendenti, medici e altri esperti, indeboliscono gravemente il loro sistema immunitario, e scateneranno un'enorme ondata di vittime di trombosi e ADE nel prossimo futuro - da pochi mesi a 2, 3 anni al massimo.

Le pericolose 'varianti' non si sarebbero mai verificate se i politici non avessero - contro ogni logica e i principi scientifici prevalenti - iniziato le vaccinazioni di massa durante questa 'pandemia'. Da questo punto di vista, non sono i vax-consapevoli, ma i vaxxers che sono colpevoli di creare e diffondere queste 'varianti'.

Uomo non vaccinato in ascensore "terrorista e nemico pubblico n. 1

Tutti questi fatti dimostrabili non impediscono agli autocrati fascisti come Andrews e altri capi di governo di sopprimere la popolazione con misure ancora più tiranniche. I passaporti di prova/vaccini vengono introdotti ovunque; in alcuni paesi ancora solo per eventi e luoghi con grande pubblico, ma in sempre più paesi sono richiesti anche dai datori di lavoro.

In Australia, si può vedere dove sta andando anche qui se i cittadini non si alzano immediatamente in modo pacifico e dicono NO a questa erosione totale della loro libertà e di ogni forma di umanità. I funzionari australiani hanno annunciato una caccia a livello nazionale per un cosiddetto "terrorista Covid" e "nemico pubblico numero 1", un uomo non vaccinato che è stato presumibilmente catturato mentre entrava

in un ascensore, e che ora viene accusato di una nuova
ondata di "infezioni".

La dottoressa Kerry Chant, lo "zar della corona"
australiana, ha ulteriormente alimentato il panico
avvertendo che il Covid sarà in giro "per sempre", e la
gente dovrà quindi "abituarsi" a sempre nuovi richiami
per il resto della vita. In precedenza, Chant ha istruito gli
australiani a non parlare più tra di loro, anche con una
maschera per la bocca. Protestare apertamente contro
le misure può farvi ottenere una multa di (fino a) 11.000
dollari, e le persone che convocano manifestazioni
online possono aspettarsi una visita aggressiva della
polizia.

Regime criminale del terrore

Gli australiani non hanno altra scelta che stare uniti e
boicottare totalmente il vaccino", ha scritto un
commentatore su National File. Quando si considera
che l'Ivermectin funziona ed è economico, solo un
governo criminale che non si preoccupa della salute dei
suoi cittadini fa cose come questa", ha risposto
qualcuno sul DailyMail Online. Questa è una mossa
totalitaria per prendere il controllo del paese per conto
dei globalisti e del NWO".

In Australia, che ora porta il famigerato soprannome di
"isola prigione", si può ormai parlare di un vero e
proprio regime di terrore. Lo dimostra, per esempio, il
fatto che persone come quest'uomo vengono rinchiuse

per due settimane, nonostante nove test coronali tutti negativi.

Non sorprende che sempre più persone comincino a vedere cosa sono realmente queste "strutture": campi di concentramento. 'Le persone nelle prigioni non sono trattate così male', scrive l'economista americano Martin Armstrong, che si aspetta una rivoluzione in Australia. 'È improbabile che il paese sia intatto dopo il 2032'.

Regime criminale del terrore

Gli australiani non hanno altra scelta che stare uniti e boicottare totalmente il vaccino", ha scritto un commentatore su National File. Quando si considera che l'Ivermectin funziona ed è economico, solo un governo criminale che non si preoccupa della salute dei suoi cittadini fa cose come questa", ha risposto qualcuno sul DailyMail Online. Questa è una mossa totalitaria per prendere il controllo del paese per conto dei globalisti e del NWO".

In Australia, che ora porta il famigerato soprannome di "isola prigione", si può ormai parlare di un vero e proprio regime di terrore. Lo dimostra, per esempio, il fatto che persone come quest'uomo vengono rinchiuse per due settimane, nonostante nove test coronali tutti negativi.

Non sorprende che sempre più persone comincino a vedere cosa sono realmente queste "strutture": campi di concentramento. 'Le persone nelle prigioni non sono trattate così male', scrive l'economista americano Martin Armstrong, che si aspetta una rivoluzione in Australia. 'È improbabile che il paese sia intatto dopo il 2032'.

La ribellione ha senso: Via l'obbligo fiscale per i camionisti

I camionisti australiani dimostrano che ribellarsi ha un senso. I media mainstream, ovviamente, non ne hanno parlato, ma i camionisti hanno bloccato numerose strade dal 31 agosto e hanno portato i rifornimenti a un punto morto. In risposta, il governo ha deciso di ritirare l'obbligo di vaccinazione per la loro professione.

Quello che hanno dimostrato è che anche l'élite politica muore di fame senza cibo e trasporti", risponde Armstrong. Questo è il motivo per cui il potere spetta SEMPRE ai 'grandi lavativi' (la gente comune disprezzata dall'élite). Pensano sempre che l'élite sia la nazione e si ubriacano del loro potere, ma ignorano che non sono NULLA senza 'noi, il popolo'".

Franceh mostra come si fa

Anche in Francia, un segmento crescente della società si sta svegliando alla tirannia Covid-19, e si rifiuta di collaborare con essa. Secondo vari rapporti - tra cui quello dell'ex ingegnere software di Google Mike Hearn - anche se le misure vengono applicate dalle grandi aziende, la maggior parte delle strutture ricettive e delle piccole imprese in Francia si rifiutano di controllare i passaporti vax obbligatori, nonostante le multe salatissime che potrebbero affrontare come risultato.

Meglio ancora, i passaporti vax sono "controllati" solo per motivi di forma. Così facendo, gli impiegati semplicemente non guardano la validità del biglietto del test, né guardano i risultati sullo schermo. I messaggi di errore sui codici QR sono tacitamente ignorati. Nei luoghi in cui c'è l'obbligo del paradenti e la distanza sociale - come i parchi di divertimento e le località turistiche - i cartelli possono ancora essere appesi, ma quasi nessuno lo osserva o lo fa rispettare più.

Questa è l'unica via d'uscita: non manifestazioni (perché si presume erroneamente che i politici ci ascoltino ancora, e sono comunque inquadrati dai media mainstream), ma disobbedienza civile non violenta di massa. Lasciamo che il governo se ne esca con una misura idiota e totalitaria dopo l'altra. Se noi come cittadini, impiegati, aziende e forze dell'ordine, o almeno una parte sostanziale di essi, decidiamo di ignorare questi dettami che violano i diritti umani e viviamo semplicemente le nostre vite, sempre più persone cominceranno a vedere che "l'imperatore non ha vestiti".

Alla fine arriverà il momento in cui potremo riprenderci il nostro paese e la nostra libertà, abbattere il sistema globalista UN/WHO/WEF/EU/IMF e stabilire finalmente qualcosa di veramente molto migliore dove ogni singolo essere umano e il suo diritto alla libertà, all'autodeterminazione e alla salute reale è di nuovo centrale, è sempre più vicino.

Poteri oscuri che prendono il sopravvento?

Un segno importante che l'umanità è stata conquistata da forze oscure è quando "per tutta la vita crederanno solo nel mondo fisico che possono percepire con i loro sensi".

Molte persone, indipendentemente dal credo, dall'origine o dal credo, sperimentano che l'umanità è entrata in una guerra spirituale multidimensionale senza precedenti. Una guerra che in realtà c'è sempre stata, ma che ora sta accelerando verso un culmine assoluto. Rudolf Steiner era un filosofo austriaco che ha pubblicato numerosi libri sulla scienza e la spiritualità. Steiner vide un grande pericolo nell'aumento delle vaccinazioni, e predisse che un giorno nel futuro sarebbe stato sviluppato un vaccino che avrebbe tagliato permanentemente le persone dalle loro capacità spirituali. O in altre parole, dal contatto con il divino, con Dio, con la Luce.

Steiner vedeva il corpo umano come uno strumento dello spirito, un "contenitore" spirituale - oggi potremmo dire "avatar" - sul quale altre entità spirituali possono esercitare una grande influenza. La cosa più importante per poter resistere a queste forze negative, secondo Steiner, è la consapevolezza che queste forze esistono e sono attive. Le persone che negano questo sono, secondo lui, come "una foglia al vento", e sono spinte nel loro pensiero e sentimento in tutte le direzioni che queste forze desiderano.

La mancanza di spiritualità attira gli spiriti ostili

Gli spiriti delle tenebre sono ora tra noi", scrisse. Dobbiamo essere vigili in modo da renderci conto di ciò che accadrà se li incontreremo, e farci un'idea reale di dove si possono trovare. La cosa più pericolosa che puoi fare nell'immediato futuro è abbandonarti inconsciamente a queste influenze, che sono assolutamente presenti".

Se le persone danno spazio al loro bisogno intrinseco di svilupparsi spiritualmente, alla fine si libereranno dalla paura e dall'ansia, e così costruiranno una sorta di immunità contro le influenze delle entità negative, pensava Steiner. In caso contrario, la nostra vibrazione attira gli spiriti ostili, e inconsciamente cadiamo preda della loro influenza.

(Per inciso, anche consapevolmente: le persone con una vibrazione molto alta agiscono come una sorta di 'calamite' per queste forze parassitarie negative, perché un sacco di potere spirituale può essere rubato da loro, e anche perché queste persone 'ad alta vibrazione' sono un potenziale grande pericolo per i governanti oscuri di questo mondo (il Male, Satana / Lucifero, il diavolo, ecc).

L'oscurità si nutre di paura

Queste forze oscure si nutrono di paura, disperazione, ansia, depressione, sentimenti di impotenza e superstizione, che è proprio il motivo per cui un numero senza precedenti di questi sentimenti ed emozioni sono stati deliberatamente scatenati e promossi in tutto il mondo dal 2020 con la pandemia corona / Covid.

La maggioranza dell'umanità è stata preparata a questo passo per decenni dall'enfasi unilaterale sul materialismo e sul consumismo, alimentata dalla bugia che non ci sono dimensioni spirituali, solo il mondo visibile e tangibile è 'reale' e importante, e quindi bisogna ottenere 'il massimo' da esso per se stessi (nel senso di accumulare quanto più potere, denaro e status possibile).

Questo ha creato una mentalità del tipo "lo voglio e lo voglio adesso, perché dopo questo non c'è più niente", che è diventata una porta sempre più larga per le forze ancora più negative che si stanno impadronendo dell'umanità, che sta diventando sempre più malata spiritualmente.

Questo si è tradotto l'anno scorso nella paura totale di perdere prematuramente "quest'unica vita", e quindi in una cieca docilità e obbedienza disfattista alle misure governative più assurde, antisociali, antiscientifiche e soprattutto antiumane, culminate nel farsi iniettare iniezioni sperimentali molto controverse, che solo in

Occidente hanno già ucciso decine di migliaia di persone.

Desiderio di "ordine sociale perfetto" causa di molta miseria

Circa 100 anni fa Rudolf Steiner scrisse 14 saggi sotto il titolo 'La caduta degli spiriti delle tenebre'. In esso metteva in guardia le generazioni future contro le misure di controllo di massa come quelle descritte più tardi da George Orwell ('1984') e Aldous Huxley ('Brave New World'), e che nel nostro tempo vengono portate avanti in tutto il mondo in un modo sinistro senza precedenti.

Nelle sue conferenze del 1917, parlò delle complesse forze spirituali che stavano dietro lo scoppio della prima guerra mondiale, che allora stava per finire. Una delle più grandi cause di quel conflitto, secondo lui, era la spinta storica degli uomini a creare un "ordine sociale perfetto" e a imporlo agli altri, con il risultato di creare sempre più divisioni e conflitti.

Secondo Steiner, l'umanità si era addormentata al fatto che gli spiriti oscuri ('caduti') erano diventati enormemente attivi sul nostro pianeta, esercitando una grandissima influenza sul pensiero umano e sulla percezione che abbiamo degli altri, di questo mondo e di questa vita.

Il controllo totale della mente contro lo spirito libero

L'immagine opposta di Rudolf "mente libera" Steiner è diventato negli ultimi anni uno degli uomini più influenti e potenti del mondo: Klaus "controllo mentale totale" Schwab, il cui "Grande Reset" trova seguaci convinti nel nostro paese in particolare in Sigrid Kaag e Mark Rutte.

Klaus Schwab:

Le neurotecnologie ci permettono di influenzare meglio la coscienza e il pensiero, e di capire molte attività del cervello, incluso decifrare nei minimi dettagli ciò che pensiamo. (Questo può essere fatto) da nuove sostanze chimiche e interventi che influenzano il nostro cervello per correggere gli errori o aumentare la funzionalità.

I confini tra tecnologie ed esseri (viventi) si stanno confondendo, e non solo attraverso la capacità di creare vita come i robot o i sintetici. Si tratta invece di nuove tecnologie che diventano letteralmente parte di noi. Tecnologie che stanno già influenzando il modo in cui comprendiamo noi stessi, come pensiamo gli uni degli altri, e come definiamo le nostre realtà.

Poiché queste tecnologie ci danno un accesso più profondo a parti di noi stessi, possiamo iniziare a integrare le tecnologie digitali nel nostro corpo.

Rudolf Steiner:

La nostra massima aspirazione deve essere lo sviluppo di esseri umani liberi, capaci di dare uno scopo e una direzione alla propria vita.

Tre forze, cioè l'immaginazione, il senso della verità e il senso di responsabilità, formano la base adeguata dell'educazione (/ del sano sviluppo umano).

Essere liberi significa poter pensare i propri pensieri, non quelli del corpo o della società, ma i pensieri generati dal proprio sé spirituale più profondo, originale ed essenziale, la propria individualità.

Questi due mondi sono incompatibili. O il totale controllo (mentale) di Klaus Schwab e quindi un'umanità transumana anti-spirituale immersa in una schiavitù eterna formata a immagine di Lucifero, della "Bestia", O una società di persone individuali e uniche con menti spirituali libere, auto-pensanti, creative, veritiere e responsabili come Dio ha originariamente inteso.

Purtroppo, la stragrande maggioranza dell'umanità, la maggior parte degli aderenti a tutte le principali religioni incluse, sembra scegliere la prima strada. Ora che la libertà della mente e della volontà (delle altre persone) è evidentemente considerata dalla maggior parte come una minaccia troppo grande e si preferisce inginocchiarsi ai globalisti autoritari, ci stiamo dirigendo, grazie alle iniezioni di terapia genica mRNA-nanotech di Covid-19, con stivali da sette miglia verso la tecnodittatura totalitaria di Schwab, la sua "Internet dei corpi" 5G/6G controllata da A.I. in cui l'individualità, il pensiero creativo, la spiritualità e la personalità di ognuno saranno cambiati per sempre, manipolati o addirittura cancellati.

Non vogliamo far parte di quel popolo di schiavi androidi cyborg - nemmeno per un secondo. Neanche voi? Allora sollevatevi dicendo NO e rifiutando di cooperare con tutte le misure con cui questo - a mio parere orribile - futuro si sta realizzando passo dopo passo.

La partecipazione forzata agli esperimenti rende illegale qualsiasi regime

Ricordatevi sempre che avete dalla vostra parte tutti i diritti umani fondamentali. Qualsiasi governo che voglia costringervi per esclusione discriminatoria a partecipare a trattamenti medici come questi esperimenti di terapia genica è, secondo il Codice di Norimberga, un regime illegale di criminali di guerra a cui non potete nemmeno moralmente partecipare.

Il Canada fallisce?

Cifre ufficiali degli Stati Uniti: *In 10 mesi, 2,5 volte più morti per iniezioni di Covid che per TUTTI gli altri vaccini negli ultimi 30 anni messi insieme -* **Prepararsi alle iniezioni obbligatorie di Covid?**

Il dottor Rochagné Kilian, un medico del pronto soccorso in Ontario, Canada, si è dimesso a causa delle bugie del governo sulle persone non vaccinate e le iniezioni di Covid-19. Parlando ai media liberi, ha dichiarato che almeno l'80% dei pazienti che richiedono un ricovero d'urgenza sono completamente vaccinati. Quante altre persone uccideremo se continuiamo a seguire questa narrazione (= la bugia che la maggior parte dei non vaccinati finisce in ospedale)? In precedenza, medici, infermieri e dirigenti in Israele, Gran Bretagna, Germania e Stati Uniti, tra gli altri, hanno presentato le stesse osservazioni e avvertimenti.

In agosto, si è tenuta una riunione online con i dirigenti medici sulle vaccinazioni obbligatorie. Gary Sims, presidente e amministratore delegato del Grey Bruce Health Services Hospital in Ontario, ha detto al suo staff che gli ospedali si stavano riempiendo di persone non vaccinate, e che sarebbero stati necessari più letti nel reparto pediatrico questo autunno perché si aspettava molti bambini non vaccinati con Covid.

La dottoressa Kilian ha poi chiesto a Sims se poteva consegnare i dati di questo in modo che lei potesse verificare queste cifre sui presunti casi di "non vaccinati". Sims ha rifiutato ed è diventato verbalmente condiscendente e persino esplicitamente minaccioso. Le prove di ciò che sosteneva erano "private". Gli impiegati dovevano solo fidarsi di lui e degli 'esperti' che era così.

8 su 10 sono doppiamente vaccinati - quante altre persone uccideremo?

Questo l'ha spinta ad annunciare le sue dimissioni. Infatti, i fatti che ha osservato con i suoi occhi al pronto soccorso hanno dimostrato l'esatto contrario della narrazione ufficiale. Non i non vaccinati, ma i vaccinati riempiono gli ospedali. Almeno 8 su 10 nel "suo" ospedale negli ultimi 3 mesi erano doppiamente vaccinati. Kilian: "Quante altre persone uccideremo se continuiamo a seguire questa narrazione?

Abbiamo recentemente spiegato come si svolge l'inganno a livello internazionale: le persone che si ammalano entro 2 settimane dalla loro iniezione di terapia genica sperimentale sono contate come non vaccinate perché la cosiddetta "protezione" che questi "vaccini" santificati fornirebbero non sarebbe ancora in funzione.

Cifre ufficiali: La vita di 40.000 americani distrutta dalle iniezioni di Covid

Che queste persone possano ammalarsi tramite le iniezioni non dovrebbe nemmeno essere suggerito da niente e nessuno, anche se i numeri ufficiali di morti, malati e disabili (storicamente solo circa l'1% del numero reale) continuano a salire (CDC: 16.310 morti, 2102 aborti e 23.712 disabili permanenti negli Stati Uniti, cioè 2,5 volte più morti per le iniezioni di Covid in 10 mesi che per TUTTI gli altri vaccini negli ultimi 30 anni sommati).

Il database ufficiale VAERS mostra anche che gli adolescenti hanno 50 volte più probabilità di sviluppare malattie cardiache, 15 volte più probabilità di diventare disabili, 47 volte più probabilità di finire al pronto soccorso e 46 volte più probabilità di finire in ospedale, e 7,75 volte più probabilità di morire dalle iniezioni di Covid che da tutti gli altri vaccini messi insieme.

Recentemente, un analista statistico ha calcolato dalle cifre ufficiali che il vaccino Pfizer, ciecamente approvato dalle autorità, ha già ucciso almeno 150.000 persone in America. Ora una delle aziende più corrotte del mondo vuole espandere questo "successo" iniettando anche ai bambini dai 5 agli 11 anni. Questo darà alla Pfizer altri 28 milioni di "clienti". La FDA deciderà il 26 ottobre se l'azienda può ottenere l'approvazione per questo.

Prima il vaccino antinfluenzale obbligatorio, poi il Covid?

Per indurre i popoli europei a fare lo stesso, gli 'esperti' stanno ora sostenendo - come in Inghilterra - di vaccinare i bambini, le donne incinte e, di fatto, tutti contro l'influenza. Così chiamato per 'proteggere gli anziani', ma fino al 2020 questa era una sciocchezza scientificamente provata.

Le vere ragioni? La meno maliziosa è che si possa vendere un altro mucchio di iniezioni inutili* (*dopo tutto, nessun vaccino efficace contro un virus respiratorio è mai stato sviluppato). Tuttavia, è anche possibile che un sacco di bambini (resi malati dalle iniezioni) saranno presto "necessari" per giustificare le iniezioni obbligatorie di Covid.

Le intenzioni malvagie sono confermate?

Non c'è alcuna giustificazione etica o epidemiologica per il passo Covid. Ha solo lo scopo di spingere i non vaccinati a vaccinarsi" - Il **governo israeliano progetta di tagliare fuori i non vaccinati dall'assistenza sanitaria completa**

Un 'microfono caldo' ('hot mic') del principale canale di notizie israeliano; Channel 12 ha registrato una conversazione tra ministri che conferma le intenzioni malevole della campagna di 'vaccinazione' Covid. Il ministro della Salute Nitzan Horowitz stava parlando con il ministro degli Interni Ayelet Shaked e il ministro dell'Intelligence Elazar Stern del 'green pass' (nel nostro caso, il certificato QR-Apartheid vax), senza rendersi conto che i microfoni erano ancora accesi e la loro conversazione veniva registrata. Horowitz ha riconosciuto che il pass Covid non ha alcuna base scientifica o medica, e ha un solo scopo: costringere tutti a farsi iniettare.

Horowitz aveva recentemente testimoniato davanti alla Corte Suprema (e quindi deliberatamente mentito) che il lasciapassare è destinato a proteggere la salute pubblica. Dalla sua stessa bocca, ora ha inavvertitamente detto al pubblico la verità: il lasciapassare e le vaccinazioni sono stati creati unicamente per mettere la popolazione sotto controllo totalitario e togliere loro tutte le libertà.

Prove convincenti (anche da altri paesi) che la parte del leone dei nuovi ricoveri è costituita da persone completamente vaccinate sono semplicemente ignorate, negate o rovesciate. Già in agosto, il direttore medico dell'ospedale Herzog di Gerusalemme ha detto a Channel-13 che il 95% delle persone con gravi sintomi di Covid-19 erano state vaccinate.

Nessuna ragione medica per il passaggio del Covid, solo per far passare i vaccini

Non c'è alcuna giustificazione medica o epidemiologica per il passaporto Covid", ha detto Horowitz a Shaked nell'intervista a caldo. E' solo progettato per fare pressione sui non vaccinati affinché si vaccinino".

'Immagino che si possa annullare il pass verde per i ristoranti all'esterno', ha risposto Shaked. Horowitz ha confermato che. 'Epidemiologicamente è corretto' ripristinare l'accesso ai ristoranti (all'aperto) e alle piscine per i non vaccinati. Eppure non ha intenzione di farlo, perché "non appena comincio a fare eccezioni al sistema dei pass, la gente vorrà più libertà. Quindi non posso dare loro pieno accesso alle piscine, perché poi diranno 'perché non anche i parchi (di attrazione) acquatici'?

Al contrario, il ministro dittatoriale teme che il severo pass Covid non sia adeguatamente applicato. Ciò non avviene soprattutto nel "settore arabo". È anche infastidito dal fatto che le persone non vaccinate abbiano accesso agli ospedali. Il ministro dell'intelligence Elazar Stern ha poi interferito nella conversazione, dicendo che trova "irritante che (i non vaccinati) stiano confiscando i letti". I ministri hanno rivelato il loro piano tirannico e criminale di guerra di iniziare a vietare ai non vaccinati l'accesso all'intero sistema sanitario, lasciandoli completamente a loro stessi.

Il terrore dei passi Vax si diffonde in tutto il mondo

La conversazione registrata accidentalmente (?) tra i ministri israeliani sottolinea che il cosiddetto "stato ebraico" è diventato rapidamente uno dei peggiori stati vaccinisti fascisti del mondo, e a mio parere non dovrebbe quindi mai più essere permesso di ostentare il passato dell'Olocausto ora che sta deliberatamente infrangendo le più importanti regole medico-etiche stabilite nel codice di Norimberga dopo la seconda guerra mondiale.

Non fatevi illusioni: alla fine questo sta per accadere in TUTTI i paesi dove queste "vaccinazioni" vengono imposte con i passaporti Covid, non solo in Israele e in Australia. Anche in Lituania, per esempio, c'è ora uno strangolante terrore di stato vaxpas dove i non vaccinati non sono nemmeno ammessi nei centri commerciali. L'ex primo ministro Andrius Kubilius ha persino scritto sul suo Facebook il 10 agosto che "se non ti vaccini, dovresti prepararti per la tua tomba".

Crisi del cibo e del carburante?

L'"inverno buio" (pianificato) con massicce carenze di energia e cibo in Occidente sta inesorabilmente arrivando

La crisi sistemica deliberatamente innescata sembra entrare definitivamente nella fase successiva, dato che gli scaffali di alcuni grandi supermercati statunitensi come Wall Mart cominciano a svuotarsi, e uno dei più grandi fornitori di cibo a scaffale del paese è chiuso per i prossimi 90 giorni a causa di "massicce carenze" e "notevoli ritardi". Anche i prezzi della benzina sono esplosi a livelli europei.

A partire dal 7 ottobre, il mega fornitore di cibo Augason Farms sarà chiuso per tre mesi. Durante questo periodo, non si accetteranno ordini neanche online, e si spera di colmare le enormi carenze. Questo è paragonabile, per esempio, a HAK, che informerebbe i supermercati che non sarebbe in grado di fornire vasi di verdure, ecc. per i prossimi tre mesi. Questo causerebbe una corsa alle ultime scorte nei supermercati.

È un'ulteriore prova del collasso accelerato delle linee di approvvigionamento alimentare", scrive Natural News. Come abbiamo ripetutamente avvertito, il mondo sarà immerso in un 'inverno buio' con estrema carenza di cibo, carenza di elettricità/energia e un numero crescente di vittime della proteina del picco (e ADE) tra i vaccinati.

81

Carenza di manodopera: anche a causa degli effetti delle "vaccinazioni"?

Il governo può buttare tanti soldi in più, 'ma i soldi non si mangiano'. A cosa serve un migliaio di dollari o di euro se hai fame e i supermercati sono vuoti, e online il messaggio 'out of stock' o 'sold out' appare ovunque. Il problema non è la mancanza di denaro, ma la mancanza di manodopera grazie a tutte le chiusure di Covid, che sono assolutamente senza senso e si basano su una scienza spazzatura irrazionale", ha continuato Adams.

Inoltre, la mancanza di manodopera potrebbe avere un'altra causa: le controverse iniezioni di terapia genica Covid hanno reso disabili molte più persone di quelle ufficialmente annunciate, sia temporaneamente che a lungo termine o in modo permanente.

Per esempio, in Gran Bretagna c'è una carenza di 100.000 autisti di camion. Questi dovevano rimanere tutti a casa a causa delle serrate, ma ora c'è lavoro per loro. Inoltre, i loro sussidi Covid si sono fermati, quindi non hanno più nemmeno un indennizzo per la loro enorme perdita di reddito. Dove sono finiti questi autisti? Ci sono anche enormi carenze di personale in altri settori (sanità, pulizie, fabbriche, vendita al dettaglio, ecc.)

Auguriamo ad Augason Farms tutta la fortuna di ripartire nel 2022, se le linee di approvvigionamento dovessero migliorare.

Tuttavia, siamo estremamente preoccupati che la situazione sarà molto peggiore tra 90 giorni. Quelli che non fanno scorta di cibo nei prossimi 30-60 giorni potrebbero letteralmente morire di fame a gennaio/febbraio. Secondo gli addetti ai lavori, anche la rete elettrica cesserà di funzionare in modo affidabile per allora".

Infrastrutture di gas e petrolio deliberatamente minate

Per quanto riguarda la crisi energetica prodotta, il conduttore radiofonico Hal Turner indica la chiusura deliberata o il ritardo di gasdotti e progetti, e l'introduzione di nuove regole assurde, tasse, imposte e restrizioni sui produttori di petrolio e gas da parte del regime Biden - esattamente ciò che è stato fatto molto deliberatamente in Europa negli ultimi anni, e che causerà anche qui una massiccia crisi energetica - e quindi forse anche una crisi del sistema sociale con disordini su larga scala.

Non si può, a costi astronomici, bloccare parzialmente un'economia per mesi, e poi farla ripartire come se nulla fosse successo. I politici che sostengono che questo può essere fatto senza conseguenze drastiche o

non hanno idea di come funziona un'economia sana, o
lo sanno e ingannano la gente.

Questo è ora abbondantemente chiaro negli Stati Uniti,
e anche in sempre più paesi in Europa. Le dolorose
conseguenze di tutte le misure dirompenti e distruttive
di Covid si sentiranno pienamente solo nei prossimi
mesi.

**Si può ancora fermare questo colpo di stato contro il
nostro paese e il nostro popolo?**

E anche allora siamo solo all'inizio, perché l'élite sta
eseguendo il colpo di stato comunista "Great Reset" /
"Green Deal" che l'Agenda-2030 dell'ONU dovrebbe
realizzare. Secondo questi piani, l'Europa sarà messa in
un blocco climatico permanente in cui non avremo
quasi più libertà e autodeterminazione, e sarà
trasformata in una grande città-stato di immigrazione in
cui la nostra posizione come uno dei principali
produttori di cibo sarà completamente distrutta.

Pensiamo che una sola settimana di interruzioni di
corrente e/o di gas durante un inverno estremamente
freddo, insieme alla penuria di cibo nei supermercati,
un nuovo blocco già concordato a livello internazionale
la scorsa estate - a cui minaccia di aggiungersi
l'imminente cyber-attacco pianificato dal WEF - sarà
finalmente in grado di far rivoltare in massa il popolo
contro questo golpe globalista di vaccinazione climatica

contro il nostro paese, la nostra società, la nostra economia e prosperità e il nostro futuro.

In caso contrario, non ci aspetta nulla per gli anni a venire, se non una dura repressione fascista eco/iniezione, povertà terribile e masse, masse di vittime, a cominciare dai più deboli (se non sono già stati eutanasizzati con nuovi richiami di Covid).

L'Asia detronizzerà l'élite?

Il bioattacco della SARS-1 ha convinto gli asiatici che l'Occidente deve essere eliminato" - *"La Cina minaccia gli USA, la Germania e l'UE di una bancarotta imminente se i leader rifiutano l'obbedienza totale a Pechino".*

Sempre più persone si stanno svegliando al fatto che l'Occidente - e quindi la maggior parte del nostro intero pianeta - è di fatto governato da due famiglie insondabilmente malvagie, i Rockefeller (con sede a New York) e i Rothschild (con sede a Londra), di cui anche Bill Gates, Klaus Schwab, George Soros e altri famigerati frontmen del NWO sono semplici fattorini. Secondo il giornalista canadese ed ex caporedattore di Forbes Asia, corrispondente del South China Morning Post e autore dello staff di Nikkei Weekly Benjamin Fulford, c'è un piano segreto asiatico per abbattere questo impero. Naturalmente, quando Fulford ha iniziato a esporre gli attacchi a bandiera falsa dell'11 settembre e l'establishment occidentale completamente corrotto circa 15 anni fa, è stato immediatamente messo nell'angolo dei "teorici della cospirazione".

Fulford ha venduto più di 500.000 libri in Giappone, tra le altre cose, sui legami finanziari tra la Yakuza (mafia giapponese) e il governo. Ora si sta concentrando sulla manipolazione americana della politica, dei media e dell'educazione giapponese. Questo viene fatto attraverso la corruzione, il ricatto, l'omicidio, il lavaggio del cervello, ecc. Il mio obiettivo è quello di contrastare la propaganda americana e mostrare al popolo giapponese la verità, in modo che possa liberarsi dal giogo coloniale e iniziare a utilizzare i suoi 5.000 miliardi di dollari di proprietà all'estero".

Il bioattacco della SARS-1 ha convinto gli asiatici che l'Occidente deve essere eliminato

Nel 2007, Fulford ha affrontato l'ex ministro delle finanze Heizo Takenada con le prove che aveva effettivamente consegnato il sistema finanziario giapponese a un gruppo di società finanziarie controllate da Rockefeller e Rothschild. Il giorno dopo ho ricevuto un'email da qualcuno che diceva di essere stato assunto dal signor Takenada. Voleva che mi incontrassi con qualcuno. Questa persona mi diede questo distintivo massonico, e disse che era un sicario professionista, e che potevo continuare ad esporre persone e morire a 46 anni, o diventare il ministro delle finanze del Giappone".

Un altro giorno dopo, una società segreta asiatica gli avrebbe offerto protezione dai Rockefeller e dai Rothschild. Secondo Fulford, più di 6 milioni di asiatici sarebbero membri di questa società, tra cui 1,8 milioni di gangster e individui nelle più alte sfere della società in Giappone, Corea, Cina, Vietnam e comunità asiatiche in tutto il mondo. Questo includerebbe la "Famiglia del Drago", un "gruppo di reali asiatici" che controllerebbe il Partito Comunista Cinese (CCP), e che sarebbe "sopra" Taiwan, Giappone e Cina.

Si dice che questa società asiatica (Società Segreta Asiatica) sia giunta alla conclusione, dopo l'epidemia di SARS-1 all'inizio di questo secolo, che questo 'virus' fosse un attacco bio-arma contro la razza asiatica. Pertanto, è stato ideato un piano per rovesciare l'Occidente controllato da Rockefeller e Rothschild.

(Questo è forse ora effettivamente iniziato con la SARS-CoV-2, almeno, con le iniezioni? In ogni caso, i Rothschild (nome originale della famiglia: Bauer) hanno grandi interessi in tutti i tipi di produttori farmaceutici come AstraZeneca, e per questo, la Cina. I Rothschild stanno forse deliberatamente lavorando alla nostra fine?

L'11 settembre e il suo legame con l'élite occidentale

Nel 2007, Fulford è riuscito a condurre alcune rare interviste con David Rockefeller stesso, che allora aveva 92 anni e morì dieci anni dopo. La maggior parte di queste interviste sono state tolte da internet, ma alcune copie possono ancora essere trovate su Bitchute. Il fatto che sia riuscito a parlare con DE Rockefeller è una forte indicazione che Fulford non sta semplicemente vendendo "teorie del complotto" senza senso, come sostengono i media mainstream.

Specialmente con la pandemia di corona, una porzione crescente del pubblico occidentale sta cominciando a rendersi conto che sono stati ingannati su così tanti livelli dai loro stessi dirigenti e organizzazioni per così tanto tempo, e che l'11 settembre fu davvero un'operazione a bandiera falsa. In un nuovo video, Fulford mostra come le organizzazioni controllate dai Rockefeller/Rothschild e dalle vecchie case reali dell'Europa occidentale, come la banca BIS di Basilea, il FMI, la Banca Mondiale, l'ONU, l'OMS e il WEF (Klaus Schwab, Davos) hanno giocato un ruolo importante sullo sfondo nella creazione e nello sfruttamento del 9/11, e dal 2019-2020, quindi, nella pandemia di corona.

Trudeau deve essere deposto, e Trump non è la risposta".

Fulford dice che gli unici che potrebbero ancora contrastare queste potenti famiglie sono le forze buone rimaste nell'esercito e nei servizi segreti. Il giornalista spera specificamente in un'azione militare per deporre il primo ministro canadese dittatore di sinistra Justin Trudeau, che dice essere un figlio di Fidel Castro.

Anche agli occhi di Fulford, le elezioni americane sono state rubate, "ma nel momento in cui Donald Trump dice a tutti di vaccinarsi, sai che fa parte del sistema". Quando le elezioni sono state palesemente rubate, i militari si sono offerti di dichiarare lo stato di emergenza, ma lui ha rifiutato. Scusate gente, ma svegliatevi e siate realistici: Donald Trump NON è la risposta".

La Cina mette il coltello finanziario alla gola di USA, Germania e UE

L'Occidente è in bancarotta, incapace di ripagare i suoi enormi debiti. La Cina detiene una parte significativa di questi debiti, che avrebbero un'importante scadenza alla fine di settembre. Secondo Fulford, il regime statunitense di Biden non può assolutamente rispettare questa scadenza del 30 settembre, che sarà seguita da un'implosione del mercato due settimane dopo. 'Ecco perché il segretario al Tesoro Janet Yellen sta apertamente avvertendo che entro ottobre gli Stati Uniti non saranno più in grado di pagare i loro debiti nazionali e saranno 'inadempienti'.' Questo significa che l'America diventerà inadempiente e quindi andrà effettivamente in bancarotta.

'Ecco perché Biden ha chiamato il presidente cinese Xi Jinping la scorsa settimana. Quando non è riuscito ad ottenere nuovi finanziamenti, ha chiamato il suo capo, Angela Hitler (Angela Merkel), e anche a lei è stato detto, secondo la società segreta asiatica, che i soldi arriveranno solo se lei e l'intera UE dichiareranno totale obbedienza a Pechino". Anche il Global Times della Cina ha riferito di questo "coltello alla gola" finanziario che i leader comunisti avrebbero messo contro le loro controparti occidentali.

"Generale Flynn, agisca

Fulford si è rivolto direttamente al generale Flynn: 'Lei
ha ragione a parlare di azione locale. Avete ragione che
la malattia in Occidente è al suo picco assoluto, e che la
pressione dal basso (la gente comune) è qualcosa su cui
non si può fare nulla. Ma non dovreste essere così
fifoni. Bisogna davvero radunare uomini con le armi per
passare all'azione, all'azione al vertice. Perché Anthony
Fauci ha il permesso di predicare menzogne (su una
pandemia inesistente) e promuovere l'omicidio
(attraverso le vaccinazioni) in TV ogni giorno? Perché
quest'uomo è ancora vivo?

L'ex capo della divisione Asia-Pacifico di Forbes
Magazine scrive che sostiene le azioni legali come
quelle intraprese dal massimo avvocato europeo Dr.
Reiner Fuellmich, ma che queste azioni e le (possibili)
sentenze dei tribunali dovranno alla fine essere
"applicate con le armi".

Respingiamo con forza qualsiasi appello alla violenza
(contro chiunque). Se un numero sufficiente di persone
si ribella pacificamente, sarà in grado di far cadere
qualsiasi persona al potere. Queste figure dovrebbero
poi essere correttamente e umanamente arrestate e
processate per tradimento (popolare), terrorismo di
stato, e per aver consapevolmente collaborato e
causato gravi danni alla salute pubblica, omicidio di
massa e forse anche genocidio.

91

La violenza è una trappola in cui nessuno dovrebbe voler cadere (con l'eccezione del diritto legale all'autodifesa se qualcuno commette direttamente violenza fisica contro di te). La violenza provoca ancora più violenza da parte di coloro che ora detengono tutte le leve del potere, e poi hanno una scusa perfetta per usare quel potere interamente contro i "dissidenti". Storicamente, ci sono state molte rivoluzioni violente che hanno "mangiato i propri figli", e poi hanno installato un nuovo regime violento con ancora più vittime innocenti. Questo deve essere impedito in ogni momento.

Psy-op? La lotta per il potere in Asia occidentale sembra reale e pericolosa in ogni caso

Che Fulford faccia parte o meno di una sofisticata 'psyop' (opposizione controllata), non cambia il fatto che c'è una grande lotta di potere geopolitico in corso tra i massoni (/ Illuminati) negli Stati Uniti e in Europa (i gruppi e le multinazionali controllate dai Rockefeller, Rothschild e famiglie reali) e il gruppo asiatico della Società Segreta.

Che anche questa lotta di potere faccia parte del "gioco" della stessa élite di potere non può essere escluso. Tuttavia, è anche abbastanza concepibile che all'interno dell'élite del NWO ci sia la necessaria sfiducia reciproca (dopo tutto, se sei disposto a tradire il tuo stesso popolo, a commettere così tanti inganni e ad uccidere così tante persone innocenti con ogni tipo di guerre insensate, allora non ci si può fidare di nessuno), e il gruppo occidentale e quello asiatico stanno effettivamente cercando di combattersi a vicenda fuori dalla tenda.

In questo caso potrebbe portare all'improvviso scoppio della terza guerra mondiale. Entrambi i gruppi si renderanno conto che è allora cruciale chi sferra il primo colpo. Come i lettori abituali sanno, abbiamo stimato per anni che questo primo colpo verrà dai russi/cinesi/asiatici, e che noi stessi, con la nostra costruzione dell'impero attraverso le guerre della NATO e il ricatto economico-finanziario e il terrore, l'avremo reso tale.

Fallimento sostenibile?

Global Warming Policy Forum: L'*aumento delle tasse sul carbonio e i sussidi per le rinnovabili hanno un impatto devastante sul prezzo del gas naturale"* - **Bloomberg: "L'Europa attende un inverno amaro**

Mentre l'introduzione di passaporti vax discriminatori e le iniezioni obbligatorie di Covid che violano i diritti umani stanno ottenendo tutta l'attenzione, un'altra crisi è in agguato sullo sfondo e minaccia di causare un enorme numero di vittime. Il momento in cui l'energia "verde" e "rinnovabile" comincia a sconvolgere l'intera società e l'economia sembra essere molto vicino, dato che esperti e alti dirigenti dell'industria energetica avvertono che l'Europa dovrà affrontare grandi carenze di gas e una crisi energetica questo inverno. La Gran Bretagna è già stata costretta ad avviare una vecchia centrale a carbone la scorsa settimana, dato che il numero sempre crescente di turbine eoliche e pannelli solari si è dimostrato incapace di soddisfare anche un piccolo aumento della domanda di energia.

Il Global Warming Policy Forum, che dice di voler dare spazio anche al numero - ormai enorme - di scienziati internazionali che sono fortemente critici della controversa politica climatica/energetica della CO_2, nota che il costo del gas naturale sta aumentando rapidamente in Europa. Le ragioni principali sono "l'impatto devastante dell'aumento delle tasse sulla CO_2, dei sussidi alle energie rinnovabili e dei divieti al fracking", misure prese per "decarbonizzare" l'economia per raggiungere le emissioni zero di CO2.

Le compagnie energetiche europee sono costrette dalla politica a pagare prezzi altissimi per i certificati di CO2. Questi costi fortemente aumentati vengono trasferiti al cliente. Nel frattempo, il divieto di fracking ha portato a una grave carenza nella produzione di gas naturale. Il risultato è un prezzo dell'elettricità super-alto e un'inflazione crescente, che è un costo sempre più oneroso per le famiglie europee già in difficoltà".

Nordstream 2 completato, ma l'Europa sta solo distruggendo la propria infrastruttura del gas

Nonostante l'opposizione americana, polacca e ucraina, il tratto finale del gasdotto Nord Stream 2 attraverso il Mar Baltico dalla Russia alla Germania è stato recentemente completato. I politici ipocriti dell'UE hanno seminato per anni il seme della paura che la Russia guadagnasse troppa influenza sull'Europa, ma nel frattempo hanno un enorme carico di burro sulla testa tagliando gradualmente le proprie fonti di gas.

La sostenibilità fallisce già: L'Inghilterra deve avviare una vecchia centrale a carbone

In Inghilterra la situazione è già così terribile che la vecchia centrale a carbone di West Burton ha dovuto essere riavviata. Il gas naturale è diventato troppo costoso a causa delle carenze causate deliberatamente e delle tasse sul CO2 alle stelle, e l'eolico e il solare non riescono a tenere il passo con la domanda di energia per un lungo periodo. Non appena farà più freddo in autunno e certamente in inverno, e la domanda aumenterà bruscamente, un'enorme crisi energetica minaccia di scoppiare, proprio come nell'UE.

Crisi europea e "povertà energetica

Come risultato della politica di distruzione del clima e dell'energia, il prezzo del carbone è aumentato del 70% quest'anno. Aggiunto all'aumento dei costi del carburante e del trasporto, i prezzi del gas e del carbone alle stelle ci faranno sprofondare in un "inverno amaro", scrive il canale internazionale mainstream Bloomberg.

Anche i giganti dell'energia italiani, francesi e austriaci temono un inverno duro, con prezzi del gas e dell'elettricità in media il 20% più alti del normale. Lo spettro della povertà energetica potrebbe presto cadere sull'Europa questo inverno", avverte Alastair Syme, analista di Citigroup.

Combinazione fatale di malattie, freddo, fame e povertà?

Il rapido aumento dei prezzi dell'energia è una grande minaccia per la fragile ripresa dell'economia. Alimenta ulteriormente l'inflazione, aumenta i costi di produzione ed erode ulteriormente il potere d'acquisto. Oltre alle imminenti carenze di cibo, si potrebbe aggiungere un problema di salute pubblica molto serio se scienziati indipendenti e altri esperti avessero ragione, e un gran numero di persone vaccinate fossero colpite da trombosi, ADE e/o altre condizioni, anche perché è stato ormai stabilito che le iniezioni indeboliscono e compromettono il sistema immunitario umano.

Cosa succederà quando milioni di vaxxer si ammaleranno non appena i virus torneranno in autunno e in inverno, e avranno bisogno di molto calore, ma quel calore continua a mancare, o non potranno comunque permettersi il calore? Gli anziani e i deboli non saranno i primi a sopravvivere a questa combinazione fatale di malattia, freddo, fame e povertà.

Il raffreddamento globale mette fine alla fantasia del riscaldamento della CO2

E il fatto che farà sempre più freddo nei prossimi anni è perché è iniziato un nuovo Grande Minimo Solare con RAFFREDDAMENTO GLOBALE, che metterà completamente a repentaglio la completa montatura del falso 'riscaldamento globale antropogenico da CO2', ideato solo per demolire la prosperità dell'Occidente e sottomettere i nostri paesi a una dittatura comunista dell'ONU.

Per esempio, la primavera in Australia e Nuova Zelanda inizia questa settimana con freddo gelido, pioggia e nevicate. L'uragano Larry sarà un raro "snowicane" che dovrebbe colpire la Groenlandia con uno strato da uno a un metro e mezzo di neve (in estate!), e questo mentre la copertura di neve e ghiaccio lì quest'anno è già notevolmente sopra la media del 1981-2010. In una parte dell'Ecuador ci sono rare nevicate primaverili, e l'America del Sud, dopo un anno molto freddo con fallimenti dei raccolti, può prepararsi per la prossima ondata di freddo antartico - così come il Sudafrica, che sta comunque vivendo un inverno estremamente freddo. Anche il Monte Fuji in Giappone sta nevicando, quasi 4 settimane prima del normale.

Guerra civile americana?

Il governatore della Carolina del Sud giura di combattere Biden *"fino alle porte dell'inferno"* - **"Se 80 milioni di persone non vaccinate prendono i loro soldi dalla banca e smettono di lavorare, questo paese si fermerà**

Il presidente degli Stati Uniti Joe Biden, che è salito al potere attraverso un vistoso colpo di stato per frode elettorale, non solo ha annunciato la vaccinazione obbligatoria per tutti i dipendenti del governo (tranne 600.000 addetti alla consegna della posta USPS) e le grandi aziende, ma ha minacciato come un vero tiranno di deporre i governatori degli stati che rifiutano di attuare i suoi mandati vax. La reazione di alcuni governatori non è stata pallida, e sembra indicare sempre più chiaramente un imminente grave conflitto interno negli Stati Uniti, che potrebbe anche culminare in una nuova guerra civile.

Il sogno americano si è trasformato in un incubo sotto il presidente Biden e i democratici radicali", ha risposto il governatore della Carolina del Sud Henry McMaster. Hanno dichiarato guerra al capitalismo, alzato il dito medio alla Costituzione e reso i nostri nemici all'estero più potenti. Siate certi che li combatteremo fino alle porte dell'inferno per proteggere la libertà e il sostentamento di ogni abitante della Carolina del Sud".

Anche Texas e Missouri dicono che combatteranno

Il governatore del Texas Greg Abbott ha dichiarato che "il mandato del vaccino Bidens è un attacco alle aziende private. Ho emesso un ordine esecutivo per proteggere il diritto dei texani di scegliere se prendere il vaccino Covid, e l'ho aggiunto all'ordine del giorno della sessione speciale. Il Texas sta già lavorando per fermare questa presa di potere".

Il governatore del Missouri Parsons ha anche chiamato l'annuncio di Biden "un calcio contro i nostri principi americani di libertà individuale e libera impresa. Questa azione becera del governo federale non è gradita nel nostro stato, e ha conseguenze potenzialmente pericolose per le famiglie che lavorano. La vaccinazione protegge da gravi malattie, ma la decisione di essere vaccinati è una decisione personale di salute, e deve rimanere tale. La mia amministrazione combatterà sempre contro le prese di potere federali e le interferenze del governo che limitano le nostre libertà.

La presidente Ronna McDaniel del Comitato Nazionale Repubblicano (RNC) ha giurato di fare causa a Biden non appena il mandato entrerà in vigore. Quando è stato eletto, Biden ha detto agli americani che non avrebbe imposto l'obbligo del vaccino. Ha mentito. Ora le piccole imprese, i lavoratori e le famiglie di tutto il paese devono pagarne il prezzo".

Vax Conscious sarà trattato come "insorti

Secondo fonti della comunità dell'intelligence, Biden invocherà le sezioni 3 e 4 del 14° emendamento della Costituzione, che in breve afferma che il governo federale può intervenire in caso di "insurrezione" o "ribellione" contro gli Stati Uniti.

Questo significa non solo che Biden può chiudere il rubinetto dei soldi agli stati che si rifiutano di collaborare, ma anche che i governatori, altri politici, aziende e cittadini comuni che rifiutano le vaccinazioni obbligatorie possono essere dichiarati "insorti", che possono poi essere trattati con la forza militare.

La maschera si è finalmente tolta".

La maschera si è finalmente tolta", risponde il conduttore di talk show radiofonici americani Hal Turner. 'Joe Biden non è solo un presidente illegittimo che è arrivato al potere rubando le elezioni del novembre 2020, ma ora sembra essere un tiranno a tutti gli effetti. Così sembra che non abbiamo più un vero governo federale in America, ma una tirannia federale mascherata da governo".

Egli indica le statistiche ufficiali del governo che affermano che 178 milioni di americani sono ora "vaccinati" contro il Covid-19. Tuttavia, il numero di nuovi casi giornalieri è del 300% più alto di un anno fa, quando nessuno era stato iniettato. 'Nessuno nel governo fa nemmeno un tentativo di spiegare questo'.

Altrove nel mondo, prevale lo stesso quadro. Il paese più "vaccinato", Israele, ha iniettato quasi tutti e ha anche introdotto un passaporto per i vaccini, ma nel frattempo ha il più alto numero di nuovi "casi di Covid" nel mondo.

Questo è il gioco finale, hanno superato il limite".

Penso che siamo arrivati alla fine del gioco. A questo punto posso solo vedere questo trasformarsi in una guerra civile. Hanno superato una linea enorme. Persino un governatore statale ora dice apertamente di combatterli 'fino alle porte dell'inferno'. Questo è un linguaggio di guerra". La Dichiarazione d'Indipendenza Americana registrò così che "quando una lunga serie di abusi e prese di potere (lett. usurpazioni, occupazioni illegali)... riduce (gli stati) al dispotismo assoluto, è loro diritto e dovere deporre tale governo, e nominare nuove guardie per assicurare il loro futuro.

Secondo Turner, questa è esattamente la situazione in cui l'America si è trovata ora. Non ci viene forse proibito di andare in certi luoghi pubblici se non ci facciamo un'iniezione sperimentale, dannosa e mortale? Non siamo forse minacciati di perdere il lavoro se non ci sottoponiamo al velenoso ago della morte che hanno travestito da "vaccino"? Non ci è proibito attraversare i confini statali in aereo, autobus, treno o persino i confini di stato a meno che non facciamo ciò che LORO dicono? Non è tutto questo "dispotismo assoluto"?

La crisi interna provoca un attacco a sorpresa?

Se gli Stati Uniti dovessero davvero cadere in una crisi esistenziale, come una rivolta interna, un crollo economico-finanziario e/o persino una guerra civile, i nemici dell'America potrebbero anche decidere di lanciare un improvviso e travolgente attacco militare a sorpresa per "decapitare" il paese una volta per tutte.

Non è inconcepibile che allo stesso tempo anche i più fedeli alleati dell'America (specialmente l'Europa della NATO, l'Australia, il Giappone, la Corea del Sud, Taiwan e Israele) saranno colpiti. Va da sé che poi scoppierà la terza guerra mondiale.

103